Von Margret
Juni 2012

Wolf-Henning Petershagen

Schwäbisch für Durchblicker

Wolf-Henning Petershagen

Schwäbisch für Durchblicker

mit Illustrationen von Daniel Wiesmann

THEISS

Bibliografische Information Der Deutschen Bibliothek
Die Deutsche Bibliothek verzeichnet diese Publikation in der Deutschen Nationalbibliografie; detaillierte bibliografische Daten sind im Internet über *http://dnb.ddb.de* abrufbar.

Umschlaggestaltung: Daniel Wiesmann, Stuttgart

2. Auflage 2005

Neue Pressegesellschaft mbH & Co KG, Ulm

Lektorat: Martin Müller, Ostfildern
Gestaltung und Satz: Daniel Wiesmann, Stuttgart
Druck und Bindung: Ebner & Spiegel, Ulm
ISBN 3-8062-1874-9

Vorwort

Schwäbisch ist – entgegen allen anders lautenden Behauptungen – keineswegs ein schlechtes Deutsch, sondern ein eigenständiger Dialekt mit einer eigenständigen, aber nachvollziehbaren und daher begründbaren Entwicklung. Insofern haben Menschen, die Schwäbisch schwätzen, keinen Anlass, ihre oft belächelte Mundart zu rechtfertigen. Aber es schadet nichts, wenn sie in der Lage sind, den einen oder anderen Begriff zu erklären oder die eine oder andere grammatikalische Besonderheit zu erläutern.

Dafür das Rüstzeug zu liefern, ist Ziel der Serie »Schwäbisch für Besserwisser«, die seit September 2001 wöchentlich in der Südwest Presse und ihren Partnerzeitungen erscheint. Die ersten 55 Folgen sind bereits unter dem Serientitel »Schwäbisch für Besserwisser« als Buch veröffentlicht. Dieses findet im vorliegenden Band seine Fortsetzung.

Auch diesmal ist herzlicher Dank zu richten an den Mundartforscher Dr. Arno Ruoff für seine anscheinend nicht enden wollende Bereitschaft, jede einzelne Folge dieser Serie vor Erscheinen auf ihren Wahrheitsgehalt zu prüfen. Die Leser können somit davon ausgehen, dass der Inhalt auch dieses Bandes den neuesten Erkenntnissen der wissenschaftlichen Mundartforschung zumindest nicht widerspricht.

Zur Schreibung des Schwäbischen ist zu sagen, dass sie in dieser Serie bewusst inkonsequent gehandhabt wird. Prinzipiell bewegt sie sich so nah wie möglich an der Etymologie. Doch wo die Aussprache sich zu stark davon entfernt, wird dem Rechnung getragen. Und bisweilen lässt auch der optische Reiz einer Schreibweise eine Abweichung zu. Daher kann es sein, dass ein und dasselbe Wort in unterschiedlichen Versionen auftaucht. Hauptsache ist in jedem Fall, dass der Leser versteht, was gemeint ist.

Wo das Alphabet nicht ausreicht, wurde es durch einige Sonderzeichen ergänzt. So steht für den Laut, der zwischen *a* und *o* liegt, ein *å*, das dank des skandinavischen Zuprostens (sk*å*l) auch in Deutschland wohl bekannt ist. Ein Dächle (ˆ) kennzeichnet die Nasale, die im Schwäbischen häufig sind, da der Schwabe bekanntlich durch d' *Nââs* schwätzt.

Inhalt

Umgangsformen und Erziehung

Superlative

Der Leib und seine Verrichtungen

Schwäbische Sprachregeln

Tun und Nichtstun

Was der Schwabe isst und trinkt

Sach und Sachen

Schwäbisches Menschenbild

So, isch ma fleißig?

Umgangsformen und Erziehung

Entgegen anders lautenden Behauptungen verfügen Schwaben über höchst differenzierte Umgangsformen – die zugegebenermaßen mitunter so räs sein können wie ihre Erziehungsmethoden.

Der andere schwäbische Gruß

»So, isch ma au scho auf!?« Eigentlich eine saudumme Frage, da sie nur ein Ja zulässt und sich somit selbst beantwortet. Oder ist es am Ende gar keine Frage?

Wer am Samstag kurz vor 16 Uhr auf dem Recyclinghof gefragt wird: »So, duet ma au no schnell entsorge!?«, wird wohl kaum antworten »Noi, i b'sorg mr grad a neue Eirichtung!« Solcher Sarkasmus wäre hier völlig verfehlt. Vielmehr wird der oder die so Angesprochene die Frage bejahen und einen längeren Seufzer über den Gruscht hinzufügen, der sich im Laufe der Jahrzehnte im Haus angesammelt hat.

»So, isch ma au unterwegs!?« Jeder Schwabe kennt jene Fragen, die keine sind und nur gestellt werden, damit etwas geschwätzt ist. Die Sprachwissenschaftler nennen derlei Formulierungen »Frage- und Antwort-Gruß« oder einen »Zwiesprache-Gruß«. Der ist vergleichbar mit der Pseudo-Frage »Wie geht's?«, die keine ernsthafte Antwort erwartet (zumal sie sonst in vielen Fällen gar nicht gestellt würde).

Zur schwäbischen Höflichkeit gehört es, dem Gegenüber bevorzugt solche Grußfragen zu entbieten, die ihm Gelegenheit geben, seine Tugenden hervorzuheben: »So, isch ma fleißig!?« »So, gåht ma zom Schaffe!?« »So, duet ma Rase mähe!?«

Die Fragegrüße werden überwiegend mit einem »So!« eingeleitet. Das unterscheidet sie von der schlichten Frage, die sonst in diesen Fällen meist eine dumme Frage wäre. Schließlich wäre es in der Tat dämlich, jemanden, der gerade triefnass aus dem Regen kommt, zu fragen: »Sind Sie nass worde?« Ganz anders verhält es sich mit »So, isch ma nass worde!?« Das drückt Teilnahme aus, in der allerdings auch Schadenfreude oder Spott mitschwingen kann. Im Übrigen zeigen die beiden Beispiele einen weiteren Unterschied zwischen echter Frage und Grußfrage: Die Grußfrage vermeidet das direkte Du/Ihr/Sie und bevorzugt das neutrale Man.

Tatsächlich kann man Grußfragen durchaus in boshafter Absicht stellen, wobei stets der Ton die Musik macht und die Mimik eine wichtige Rolle spielt. Etwa im Falle von »So, war ma beim Frisör!?« Wer dabei den korrespondierenden anerkennenden Gesichtsausdruck vermissen lässt, riskiert ernsthafte atmosphärische Störungen, vor allem, wenn die Frage an eine Vertreterin des weiblichen Geschlechts gerichtet ist.

Die Grußfrage kann auch dazu dienen, Neugier als Anteilnahme erscheinen zu lassen. So erwartet ein fröhlich ausgerufenes »So, håt ma an Gipsfuß!?« die Schilderung des Unfallhergangs, ist aber nicht so plump und direkt wie die Frage: »Was ist denn Ihnen passiert?«

Schließlich kann die Grußfrage auch pädagogische Absichten verfolgen, etwa wenn der verschlafene Spätaufsteher empfangen wird mit den Worten: »So, kâå ma's au scho richte!?« Auch dann, wenn die Begrüßung lautet »So, hat ma Knoblauch 'gässe!?«, ist es angebracht, sich Gedanken darüber zu machen, ob den Mitmenschen etwas stinkt.

Derf's a bissle meh sei?

Vor allem beim Einkaufen zeigt sich die Virtuosität, mit welcher schwäbische Verkäufer(innen) das Modalverb einsetzen. Sie versuchen damit, die Käufer zu steuern.

Von hoher sprachlicher Kompetenz zeugt die Frage, die der Bäcker jeden Morgen dem Kunden stellt, der gerade seine Butterbrezel kauft: »*Solle*'s eipacke oder *derfe*'s Ehne so gebe?« Der Kunde spürt, dass die erwartete Antwort lautet: »I nemm's au so.« Und abermals hat der Bäcker es geschafft, durch die richtige Art der Fragestellung die Kosten für eine Tüte einzusparen.

Wie hat er die gewünschte Wirkung erzielt? Antwort: Durch den präzisen Einsatz der Modalverben *sollen* und *dürfen*. Modalverben modifizieren die Aussage des nachfolgenden Zeitworts. Das zeigt der Unterschied zwischen »ich packe ein«, »ich *soll* einpacken« und »ich *darf* einpacken«. *Sollen* drückt ein Gebot aus, wird also benutzt, wenn kein freiwilliges Handeln vorauszusetzen ist. »*Solle*'s eipacke« bedeutet mithin: »Freiwillig tu ich das nicht, sondern nur auf Anordnung.«

Die nächste Stufe wäre »*Musse*'s eipacke?« Da dem Modalverb *müssen* eine höhere Stufe der Verbindlichkeit anhaftet als dem *sollen*, würde diese Formulierung bedeuten, dass der Bäcker nur unter Anwendung von Zwang bereit wäre, die Butterbrezel einzupacken. *Dürfen* hingegen steht für die Erlaubnis, die man für etwas bekommt, das man gerne täte. Der Verkäufer gibt also durch sein *derfe*? zu erkennen, dass er die Brezel lieber netto aushändigen würde.

Damit wird auch klar, warum die beliebteste Formel im Metzgerladen lautet »*Derf*'s no a bissle meh sei?« und niemals »*Soll*'s no a bissle meh sei?« Denn der Metzger wartet auf die Erlaubnis, das halbe Pfund, das er zu viel auf die Waage gebeigt hat, liegen lassen zu *dürfen*. *Soll* hingegen würde bedeuten, dass er seinen Braten nur ungern herausrückt, und dieser Metzger müsste erst noch geboren werden.

Angesichts dieses höchst sensiblen Umgangs mit den Modalverben fällt der Unterschied auf zwischen der Initialfrage »Was *derf's* denn sei?« und der Schlussfrage »*Wellet* Se a Guck!?« Der Kontrast wird deutlich, wenn man *dürfen* und *wollen* austauscht: »Was *wellet* Se?« und »*Derf's* no a Guck sei?« Ein Verkäufer, der so fragte, müsste zu Recht mit seiner Entlassung rechnen: Er würde den Zielen zuwiderhandeln, den Umsatz zu steigern und unnötige Ausgaben für Verpackungsmaterial zu minimieren.

Wie aber verhält sich der Kunde? Auch nach den in Schwaben herrschenden Benimmregeln gilt es als unhöflich, eine Bitte mit dem Modalverb *wollen* zu äußern. Man *will* nicht, sondern man *möcht* oder *hätt gern*. Zu sagen »I *will* a Butterbrezel!« wäre unartig. Allerdings geht vielen Schwaben auch das »I *möcht* bitte« oder »I *hätt gern*« nicht über die Lippen. Sie weichen daher aus auf eine Formulierung, mit der verglichen »I *will*« geradezu höflich wirkt. Und diese Forderung lautet: »I *krieg* a Butterbrezel.«

Schwäbische Höflichkeit

Auch wenn manchen schwer fällt, es zu glauben: Die Schwaben sind ausgesprochen höflich. Das verrät die häufige Verwendung des Konjunktivs.

»*I hätt* a Rezept«, sagt der Patient etwas zögerlich. »*Hent* Se oins oder *hättet* Se bloß gern oins?«, fragt die Apothekerin, eine Freundin klarer Worte. Denn üblicherweise wird mit dem Konjunktiv *i hätt* ein Kaufwunsch eingeleitet, etwa »*I hätt* gern a Kopfwehtablett«.

Doch in diesem Falle will der Kunde mitteilen, dass er tatsächlich ein Rezept hat. Dennoch wählt er statt des Indikativs oder der Wirklichkeitsform *i han* den Konjunktiv oder die Möglichkeitsform *i hätt*. Damit setzt er sich zwar dem Verdacht aus, nicht recht deutsch zu können, doch dieser Verdacht ist, zumindest in diesem Falle, falsch.

Denn nicht sprachliches Unvermögen ist es, sondern vorsichtige Höflichkeit, die ihn so formulieren lässt. Zu ergänzen ist nämlich die Formel »wenn's recht wär'«. (Hier kann auch gemeint sein: »Wenn ich nicht zu viel zuzahlen muss.«) Dieses »wenn«, das gleichzusetzen ist mit »unter der Bedingung«, eröffnet einen Bedingungs- oder Konditionalsatz, der vollständig lauten täte: »Wenn es Ihnen recht wäre, hätte ich hier ein Rezept einzureichen.«

Damit unterwirft der Sprecher die Erfüllung seines Wunsches der Entscheidung seines Gegenübers. Er äußert eine Bitte, anstatt die sofortige Herausgabe der Medizin zu fordern. Er ist »höflich«, wobei man dieses Wort durchaus so verstehen kann, dass die Herrscherhöfe ihre Untertanen auch zu verbaler Unterwürfigkeit nötigten. Das wirkt nach. Man ist vorsichtig geworden.

Nicht unterwürfig, aber höflich ist die Abschiedsformel »Mir *dätet* jetzt nå gange« oder – was dasselbe ist: »Mir *geengat* jetzt nå.« Auch hier ist ein »wenn's geschtattet isch« zu ergänzen. Der Einsatz des Konjunktivs eignet sich im Übrigen vorzüglich dazu, in formvollendeter Höflichkeit grobe Unhöflichkeiten zu äußern, etwa wenn die Gastgeber ihren Gästen mitteilen: »Mir *dätet* jetzt nå ins Bett gange, aber ihr könnet gern no bleibe.«

Nicht nur im Schwäbischen werden Bitten fast immer im Konjunktiv geäußert. So ist, was allerdings die wenigsten bedenken, die Form *ich möchte* der Konjunktiv von *ich mag* (wobei in gewissen Fällen der Konjunktiv unhöflich wirken kann, etwa, wenn man anstatt »*ich mag* dich« sagt »*ich möchte* dich«).

Auch die Wendung »i *dät* sage« gehört zu jenen scheinbar unmotivierten und falsch angewandten Konjunktiven, die aber durchaus Sinn machen, sobald man den Satz zu Ende denkt: »Wenn mi jemand fråge *dät*. Aber mi frågt ja koiner.«

Welcher Sinn aber steckt hinter der Formulierung »Mir *wäret* jetzt nå fertig«? Denn wenn man fertig ist, egal womit, ist man fertig, ob's anderen recht ist oder nicht. In diesem Fall bedarf es einer doppelten Ergänzung: »Mir *wäret* jetzt nå fertig ond *dätet* Feieråbend mache, wenn's recht wär.«

Die Schell

»Willsch a Schell?« *Dieser Satz spielt in der schwäbischen Pädagogik eine wichtige Rolle. Er trägt maßgeblich dazu bei, Botschaften schneller zu vermitteln.*

Ein probates schwäbisches Erziehungsmittel ist die *Schell*. Sie muss nicht notwendig Gewaltausübung bedeuten. Allein die Ankündigung einer *Schell* genügt meist, das Kind oder den Jugendlichen davon zu überzeugen, dass es sinnvoll ist, die Anregungen des Erziehungsberechtigten wohlwollend zu prüfen.

»Willsch a *Schell?*« Diese auf drei harsche Silben begrenzte Wortwahl lässt erkennen, dass der Geduldsfaden bereits hochgradig strapaziert und die Exekutierung der *Schell* gefährlich nahe ist. Weniger bedrohlich klingt die Frage »Willsch oine an d' Gosch nââ?« Da besteht noch Verhandlungsspielraum.

In der Ausführung hingegen ist die *Schell* im Grunde dasselbe wie »oine an d' Gosch nââ«: eine Ohrfeige. Genauer betrachtet aber ist es eine *schallende* Ohrfeige. Der knallende Schall teilt sich lautmalerisch mit in dem Begriff *Schell*, der von *schellen* kommt, wovon der *Schall* und damit auch das Verb *schallen* abgeleitet ist.

Die *Schell* im Sinne von »Ohrfeige« scheint noch ein relativ junges schwäbisches Wort zu sein. In Fischers Schwäbischem Wörterbuch findet man zwar eine *Schell*, jedoch nicht in dieser, sondern in allen möglichen anderen Bedeutungen, nämlich 1. kleine Glocke, 2. »Hode, und zwar meist Singular von beiden H.«, 3. Kropf, 4. Fessel, 5. Strohschleife beim Garbenbinden, 6. Pflanzenname, 7. Blase im Wasser, 8. Schelte: *Alte Schell* = altes Weib. Die *Schell* im Sinne von *Maulschell* nennt Fischer erst in seinem Nachtragsband, wo er sie dem Fränkischen zuordnet.

Demnach wäre im Schwäbischen die *Maulschell* frühestens im 20. Jahrhundert auf die *Schell* verkürzt worden.

Bemerkenswert ist, dass *Maulschell* nicht nur »Schlag auf den Mund« bedeutete, sondern zweitens für »gefüllte Nudeln« stand. Bemerkenswert ist ferner, dass auch das Wort *Maultäsch* ursprünglich »Schlag auf den Mund« bedeutete. Kluges Etymologisches Wörterbuch nimmt an, dass die *-tasche* von *tatschen* im Sinne von »schlagen« kommt. Ebenso wie die *Maulschell* wurde die *Maultäsch* erst in zweiter Linie zur gefüllten Nudel. Außerhalb Schwabens haben *Maulschelle* und *Maultasche* auch noch ein Gebäck bezeichnet.

Wie kommt es dazu, dass ein und derselbe Begriff sowohl eine körperliche Züchtigung als auch eine gefüllte Teigware benennt? Eine Erklärung, die auch Kluge in Betracht zieht, wäre: Erst erschallt die *Maulschelle* beziehungsweise *Maultasche*, woraufhin die Backe anschwillt. An diese Schwellung erinnert die Form jener Speisen.

Aber das ist erstens nicht bewiesen und zweitens niemandem mehr bewusst. Sonst würden pädagogisch besonders verantwortungsvoll denkende Eltern die *Maultasche* womöglich ebenso wenig in den Mund nehmen wie das schöne schwäbische Wort *Schell*.

Gnadenlos räs ✓

Räs ist eine Eigenschaft, die der Schwabe sich selber und allenfalls dem neuen Wein zubilligt. Im einen wie im anderen Fall kann die Räsheit ihren Opfern heftig zusetzen.

Als die Mutter ihr Töchterlein in der Schule anmelden wollte und deren Alter angab, sagte der Lehrer besorgt, das Kind sei doch noch zu jung. »Des macht nix«, erwiderte die Mama, »die isch *räs* gnueg.«

Diese Begebenheit, obwohl sie schon über hundert Jahre zurückliegt, mag in doppelter Hinsicht verdeutlichen, was *räs* bedeutet. Die Mutter, die ihre eigene Tochter gegenüber fremden Menschen als *räs* bezeichnete, war keineswegs eine Rabenmutter, sondern ihrerseits *räs*: Sie sagte die ungeschminkte Wahrheit. Dass sie ausgerechnet *räs* als Schultauglichkeitsnachweis ins Feld führte, hatte durchaus Sinn: Trotz zarten Alters verfügte das Kind über genügend Haare auf den Zähnen, um sich gegen ältere Klassenkameradinnen durchzusetzen.

Räs ist ein Wort, das nur im oberdeutschen Sprachraum, also im Schwäbischen, Bayerischen, in Österreich und in der Schweiz überlebt hat. Das Grimm'sche Wörterbuch gibt seine Bedeutung mit »scharf, beißend« wieder und weist darauf hin, dass das mittelhochdeutsche *raeze* auch auf »scharfe und schneidige Kämpfer« angewandt werden konnte. Im Vokabular der Weinzähne ist der *räse* dem »süßen« Wein gegenübergestellt. Man genießt ihn gerne im Zustand der Gärung, mit Zwiebelkuchen.

Die Beispiele zeigen, dass das Eigenschaftswort *räs* vielschichtig ist. »A *räse* Gosch« kann für jene, gegen die sie gerichtet ist, eine Strafe Gottes sein und sich – ähnlich dem *räsen* Wein – beschleunigend auf den Verdauungsprozess auswirken.

Doch muss die *Räsheit*, die hinter den messerscharfen, zielsicheren und mitunter tödlichen Formulierungen steckt, nicht zwingend der Bosheit entspringen – obwohl die nicht grundsätzlich auszuschließen ist und in manchen Fällen erschwerend hinzukommt. Sie gründet vielmehr in einer gnadenlosen Direktheit, wie sie aus den berühmten Tübinger Gågenwitzen spricht, und nicht selten sogar in einem gewissen philologischen Sportsgeist, der *räse* Zeitgenossen dazu treibt, einen Sachverhalt – und vor allem eine Schwäche – auf den prägnantest möglichen Nenner zu bringen.

Daraus erklärt sich auch, dass *räs* kein Schimpfwort ist, sondern dass in dem Hinweis, der oder jene sei arg *räs*, zumeist ein Hauch bewundernder Anerkennung mitschwingt – ganz im Gegensatz zur *Ragall*. Die geht zwar ebenso wie *räs* auf das lateinische Verbum *radere* (kratzen, verletzen) zurück, bezeichnet aber ein schimpfsüchtiges Weib.

Den Unterschied mag ein Beispiel verdeutlichen: In Ulm nennen sich die Nachfahren der Fischer und Schiffer »die *Räsen*«. Fragt man eine der Damen aus diesem Kreis: »Sind Sie eine *Räse?*«, wird sie dies stolz lächelnd bejahen. Würde man sie aber fragen: »Sind Sie a Ragall?«, dann würde die Antwort mit Sicherheit sehr *räs* ausfallen.

Saugut
1 EURO

Superlative

Wenn auch die Schwaben im Umgang mit Superlativen eher zurückhaltend sind, verfügen sie doch über eine Reihe sprachlicher Mittel, den Grad ihrer Begeisterung – oder ihres Missfallens – punktgenau auszudrücken.

Im Anfang war die Sau

Was wäre der Schwabe ohne die Sau? *Ohne sie wäre nicht nur seine Küche, sondern auch sein Wortschatz um vieles ärmer und zu keiner Steigerung fähig.*

Selbst wenn ein Schwabe mal *Schwein* hat, nimmt er es nicht in den Mund. Für ihn gibt es nur die *Sau*, und die kann auch männlich sein: »*Sau* bezeichnet die Gattung überhaupt, ›*Schwein*‹ sagt nur der Gebildete«, stellt Hermann Fischer im Schwäbischen Wörterbuch fest.

Das *Schwein* kennen die Schwaben allenfalls in Begriffen, die im Handel üblich sind, wie *Schweinefleisch*. Das wird folgerichtig zum *Schweinebraten* und nicht etwa zum *Saubraten* verarbeitet. Doch schon beim *Schweinemarkt* wird es kritisch. So kommt es in Ulm in regelmäßigen Abständen zu Versuchen, auf dem offiziell so genannten *Schweinmarkt* die Straßenschilder durch andere mit dem populären Begriff *Saumarkt* zu ersetzen.

Das geschieht nicht aus einem Hang zum Ordinären, sondern zum Originären – und aus Trotz: Es besteht der Verdacht, die Obrigkeit schäme sich der schwäbischen Platzbezeichnung, und das lässt der Stolz der Eingeborenen nicht zu. Wenn der Schwabe die *Sau* dem *Schwein* vorzieht, beweist er in der Tat Sinn für das Ursprüngliche.

Denn im Anfang war die *Sau*. Im Althochdeutschen hieß sie noch *su*, und im Lateinischen *sus*. Das bedeutet jedoch nicht, dass das Wort *Sau* beziehungsweise *su* von den Römern stammt. Vielmehr wurzeln *su* und *sus* in einem indogermanischen Wort, das mutmaßlich *su* lautete. Durch Anhängen einer Endung *-in* wurde daraus ein *suin*, was ein Ferkel bezeichnete. Daraus entwickelte sich schließlich das Wort *Schwein*.

Sind sich die Schwaben in der Ablehnung des *Schweins* einig, so sind sie uneins hinsichtlich der Mehrzahl von *Sau*. Die einen sagen *Säu*, die anderen *Saue*, wobei es auch dafür nach Aussage eines Tübinger Veterinärs eine klare Definition gibt: »*Säu* sind alle, die man füttern muss, und *Saue* nur die weiblichen *Säu*.« Laut Grimm ist *Säu(e)* die ältere Form. *Saue* darf übrigens nicht verwechselt werden mit dem Verbum *saue*, das zum einen »beschmutzen«, zum andern aber »sausen« meint. »Håsch recht *g'sauet!*« bedeutet etwas anderes als »Bisch recht *g'sauet?*«

Völlig unentbehrlich ist die *Sau* als Vorsilbe. Auch hier gibt es feine Unterschiede. Im einen Fall dient sie ausschließlich der Verunglimpfung, was daran zu erkennen ist, dass in diesem Falle nur das *Sau*- betont ist, der Rest nicht: *Saukerle, Saumensch, Saubuabe*. Im anderen Fall steigert *sau*- im Positiven wie im Negativen. Dann ist auch das zweite Wort betont: *saugut, sauschlecht, saug'scheit, saudumm*.

In beide Kategorien fällt *saumäßig*. Steht es allein, wird nur *sau*- betont und es bedeutet ganz einfach »schlecht« (nach Art der *Sau*). Dient es dazu, ein nachfolgendes Adjektiv zu steigern, wird auch das *-mäßig* betont. Da Steigerungen gelegentlich neuer Ausdrucksformen bedürfen, wurde *saumäßig* in jüngerer Zeit ersetzt durch *wie d'Sau*, was exakt dasselbe bedeutet. Und so lautet das Urteil über ein *saumäßig* nettes Mädle auf Neuschwäbisch: »Dui isch geil *wie d'Sau*.«

Kähl! Geil! Cool!

Kähl! Geil! *Diese Ausdrücke der Bewunderung bis Begeisterung klingen nicht nur ähnlich, sie haben beide einen krassen Bedeutungswandel durchlaufen.*

Noch vor kurzem sind die Muttis heftig zusammengezuckt, wenn die Töchter aus vollem Halse und auch noch in Gegenwart anderer Leute das furchtbare Wort *geil* in die Runde schmetterten. Inzwischen haben sie sich an dieses Adjektiv ebenso gewöhnt wie die Mütter der 50er-Jahre an das *kähl*, das damals die Kinder im Munde führten, bevor es von *cool* verdrängt wurde.

Gewiss: *Kähl* war um Klassen harmloser als *geil*, aber so, wie die Jugend es vor 40 Jahren anwendete, im Sinne von »toll, verwegen, bewundernswert, überlegen«, hatten die Alten es nicht gekannt. Darum widersprachen sie ständig: »*Kähl* isch doch ebbes ganz anders!« Das war den Jungen egal. Offenbar benötigt die Begeisterung immer wieder neue Vokabeln, um sich wirksam mitzuteilen, und bei deren Auswahl scheint, so lässt der Blick auf *kähl*, *geil* und *cool* schließen, das Zusammenspiel der Laute wichtiger zu sein als der eigentliche Sinn: Alle drei Wörter beginnen mit einem »Hintergaumenverschlusslaut« (*k*, *g*), dem nach einem Vokal oder Doppellaut ein *l* folgt.

Ähnlich konstruiert, wenn auch in anderer Reihenfolge, ist der Ausruf *Klasse!* Und zeitenweise sah es so aus, als ob die Neuschöpfung *kultig*, welche ebenfalls ein *k* und ein *l* aufweist, das in die Jahre gekommene *cool* ablösen sollte. Es scheint sich aber nicht durchzusetzen; das *-tig* am Ende verhindert, dass sich der Sprecher genüsslich auf dem abschließenden *-l* ausruht.

Längst gehört *cool* ebenso zum schwäbischen Wortschatz wie *geil*, das in seiner Steigerung *ôôzgeil* eine spezifisch schwäbische

Ausprägung gefunden hat. Rein und ausschließlich schwäbisch hingegen ist *kähl*, das die übrigen deutschen Mundarten nicht kennen – von der Hochsprache ganz zu schweigen.

In Fischers Schwäbischem Wörterbuch wird es *käl* geschrieben, wovon hier wegen des gedehnten *-ä-* abgewichen sei. Als Bedeutung gibt Fischer an: »wüst, abscheulich, hässlich, garstig, ekelhaft, widrig von Sachen und Menschen«. Dies gelte sowohl in äußerlicher (»Meist der stärkste Grad von Hässlichkeit«) als auch in moralischer Hinsicht (»unflätig, widerwärtig«). Kein Wunder also, wenn die Älteren Schwierigkeiten hatten, das unattraktive *kähl* plötzlich als Ausdruck höchster Begeisterung zu begreifen.

Für die Eigenschaft *geil* hingegen konnte sich auch schon die Elterngeneration erwärmen – wenn auch nur hinter vorgehaltener Hand. Denn noch vor kurzem zeugte dieses Wort von erhöhtem Paarungsdrang. Durch seinen Bedeutungswandel wurde es kastriert und reduziert auf einen sexuell indifferenten Superlativ. Wenn übrigens die Uroma sich an *geil* nicht sonderlich stört, dann deswegen, weil dies zu ihrer Zeit noch »üppig, übermäßig hervorsprießend« bedeutete – auf Pflanzen bezogen, wohlgemerkt!

Bodengut und erdenschlecht

Von den Verstärkungsformen, die das Schwäbische anbietet, fallen zwei durch besondere Bodenständigkeit und Erdverbundenheit auf: boden- *und* erden-.

Das Bier, das der eine Schwabe als *bodengut* bewertet, mag dem anderen *erdenschlecht* erscheinen, vor allem dann, wenn er von dessen Genuss einen *bodenmäßigen* Rausch bekommt und ihm anschließend selber *erdenschlecht* wird. Könnte man jenes umstrittene Produkt – je nach Gusto – auch als *erdengut* und *bodenschlecht* bezeichnen?

Bodenschlecht ja, *erdengut* nein. Damit zeichnet sich ein Unterschied in jenen beiden Verstärkungen ab: *Boden-* ist ambivalent, kann sowohl positiv wie auch negativ eingesetzt werden, während *erden-* vorwiegend negativ ist, was auch für die erweiterten Formen *erdenmäßig* oder *erdenschlächtig* gilt.

Diesen Eindruck bestätigen weitere Beispiele. *Erden*verbundene Komposita sind etwa die Eigenschaftswörter *erdenmind, erdenliedrig* oder *erdenletz*, was dasselbe ist wie *bodenletz*, nämlich ziemlich schlimm. Die Hauptwörter weisen in dieselbe Richtung: *Erdenfetz, Erdenlump, Erdenschand.*

Ebenso variabel wie *boden-* ist auch *bodenmäßig*. Das Bier kann *bodenmäßig* gut oder *bodenmäßig* schlecht sein. Den *bodenmäßigen* Rausch kann man zu einem *Bodenrausch* zusammenfassen, was allerdings nichts am Promillegehalt ändert. Es gibt im Übrigen eine andere verstärkende Vorsilbe, die möglicherweise noch nicht so alt ist, da Fischers Schwäbisches Wörterbuch sie nicht kennt: *bôô-*. Dieses stark nasalierte *bôô-* dürfte eine Abkürzung von *boden-* sein, zumal sie genau so angewandt wird: *bôôgut, bôôschlecht, Bôôrausch* und vor allem *bôômind*.

Nehmen wir zum *Boden* noch den *Grund* hinzu, der im gesamten deutschen Sprachraum als Steigerung dient, so ist festzustellen, dass Eigenschaftswörter, die mit *grund-* beginnen, überwiegend Erfreuliches anzeigen: *grundanständig, grundehrlich, grundgescheit, grundgut.* Anders ist das bei manchen Substantiven, etwa bei *Grundsteuer*, die viele für ein *Grundübel* halten.

Natürlich ist das Beispiel *Grundsteuer grundfalsch* (doch ein Negativum mit *grund-*!), denn es ist die Steuer für den Grund und Boden, während die Verstärkungszusätze *grund-, boden-* und *erden-* besagen wollen, dass der/die/das damit Bezeichnete bis in den *Grund* und *Boden* oder in die *Erde* hinein gut, schlecht, falsch oder sonst etwas ist.

Gibt es einen Grund dafür, dass *grund-* positiv, *erden-* negativ und *boden-* zwitterhaft ist?

Es darf spekuliert werden: Bei *Erde* wittert man im Lande der Kehrwoche die Gefahr des Schmutzeintrages auf frisch gebohnerte Fußböden. *Boden* hingegen lässt an die Bodenqualität denken, und die kann gut oder schlecht sein. Warum aber ist der *Grund* vorwiegend positiv besetzt? Vielleicht ist es der Gedanke an die Gründlichkeit, die allerdings hiermit ihre Grenzen erreicht hat.

Zwischen arg und arg schee

Drei Buchstaben und zwei Seiten hat das Wörtchen arg *im Schwäbischen: Steht es allein, bedeutet es* Arges, *während es als Zusatz etwas* arg *Schönes bezeichnen kann.*

»Des isch aber *arg* nett!« Selten werden Schwaben emphatisch, doch bisweilen überkommt sie das Bedürfnis, eine Gemütsbewegung zu offenbaren. Was eignet sich besser, um dies in der gebotenen Sparsamkeit zu bewerkstelligen, als eine Vokabel mit nur einer Silbe und drei Buchstaben: *arg!*

»*Arg* nett« ist das zweithöchste Lob für positives Verhalten, das nur übertroffen wird durch den bemerkenswerten Superlativ »saumäßig nett«. Allerdings kann »saumäßig nett«, etwa in Zusammenhang mit dem Substantiv »Mädle«, auch auf beeindruckende physische Vorzüge zielen. Da aber der Schwabe nicht zugeben will, dass er sich davon beeindrucken lässt, trifft er diese distanzierende Wortwahl.

Aus demselben Grund wird er einem Mädle auch nicht attestieren, sie sei »*arg* schee«. Denn in dieser Formulierung, die eher angewendet wird, um ein gelungenes Leichenbegängnis zu beschreiben, schwingt zu viel Andacht mit. Wird diese Andacht zur Ergriffenheit, flüstert der Schwabe – eher noch die Schwäbin: »Des isch aber *ganz arg* schee.«

Sowohl »*arg* schee« wie »*ganz arg* schee« ist übrigens niemals Sie oder Er, sondern immer nur Es: das Wetter, die Weihnachtsfeier oder das Zusammensein verwandter Seelen im Anfängerkurs für Afrikanisches Trommeln bei der VHS.

Das Gegenteil von »schee« ist *arg*. »Des isch mr aber *arg*« drückt Mitleid oder Betroffenheit aus. Die Steigerung »Des isch mr aber *arg arg*« ist theoretisch denkbar, kommt aber selten vor, da es klingt, als leide man unter einem Erstickungsanfall. *Arg* im Sinne von »schlimm« entspricht der ursprünglichen Bedeutung des Wortes, das als Adjektiv und mit seinen Steigerungen *ärger* und *ärgst* auch im Schriftdeutschen verbreitet ist. Doch während man in der Standardsprache allenfalls *argen* Hunger verspürt, kann man im Schwäbischen auch *ganz arg* Hunger haben.

Wie *arg* von seiner argen Bedeutung zu der neutralen kam, die dem schriftdeutschen »sehr« entspricht, ist schwer nachzuvollziehen. Immerhin ist es dem Wörtchen »sehr« ähnlich ergangen: Seine wunde Wurzel ist dieselbe wie die des Verbs ver*sehr*en.

Doch *arg* hat noch ärgere Ursprünge als »sehr«. Wie Kluges Etymologisches Lexikon mitteilt, war *arg* ein arges Schimpfwort »und hat ersichtlich eine sexuelle Nebenbedeutung, vermutlich ›beim homosexuellen Geschlechtsverkehr eine passive Rolle spielend‹«. Es hänge zusammen mit dem griechischen Wort *órchis* (Hode), dem übrigens die Orchidee der Form ihrer Knollen wegen den Namen verdankt.

Wenn also manche Leute Orchideen *arg schee* finden, liegen sie zumindest im worthistorischen Sinne gar nicht so arg falsch. Doch wenn sie um diesen Zusammenhang wüssten, wäre es ihnen sicher *arg*.

Das Käpsele

Wenn, was selten vorkommt, ein Schwabe ein Lob ausspricht, gehört Käpsele *zu den höchsten Auszeichnungen in seinem knappen Vokabular anerkennender Worte.*

»Du bisch a *Käpsele*!« Dieses Kompliment lässt den damit Bedachten vor freudiger Verlegenheit erröten. Es drückt die Anerkennung herausragender Leistungen aus, egal ob die in guten Schulnoten, im Knacken von Computer-Codes oder Errichten von Bierdeckel-Burgen bestehen.

Was ist ein *Käpsele*? Schriftdeutsch hieße es *Käpselchen*, kleine Kapsel. Was das Konversationslexikon dazu mitteilt, geht alles am Sinn des schwäbischen *Käpsele* vorbei. Das ist mit »Zündblättchen« oder »Amorces« zu übersetzen.

»Zündblättchen« wiederum irritiert den Schwaben, genauer gesagt, die männliche Nachkriegsgeneration, die mit der *Käpselespistole* aufgewachsen ist. Denn neben den runden, konfettiartigen *Käpsela*, den eigentlichen »Zündblättchen«, gab es die anderen in Form eines zusammengerollten schmalen Streifens (»Amorcesbänder«), mit denen man pausenlos knallen konnte – davon abgesehen, dass nur jedes dritte detonierte. Diese als Blättchen zu bezeichnen, widerstrebt dem Sprachgefühl der schwäbischen *Käpseles*pistoleros.

Tatsächlich rührt die lobende Bedeutung des Wortes *Käpsele* von jenem Miniatursprengsatz her. Das Illustrierte Lexikon der deutschen Umgangssprache übersetzt *Käpsele* mit der Ursprungsbedeutung »Zündhütchen« unter anderem als »Klassenbester« und datiert die Entstehungszeit dieser übertragenen Bedeutung auf 1950. Insofern könnte das *Käpsele* eine schwäbische Nachahmung des *Knallers* sein, der im selben Nachschlagewerk unter anderem als »erfolgreicher Könner, Publikumsliebling, tüchtiger Mensch« ausgewiesen ist und diese Bedeutungen um 1930 erhalten hat.

Das würde auch erklären, warum Fischers Schwäbisches Wörterbuch *Käpsele* noch nicht als Knaller kennt, sondern es mit »Kapselbrot« übersetzt. Allerdings führt Fischer auch ein Verbum *käpsele* auf. Dieses ist heute fast vergessen und spielt allenfalls in den Ausführungen alter Männer eine Rolle, die ihrer Jugend Maienblüte nachtrauern. Ob sie tatsächlich jemals so viel *g'käpselet* haben, wie sie behaupten, ist eine andere Frage. Fischer weigert sich übrigens, das Wort ins Deutsche zu übersetzen. Er belässt es beim lateinischen »coire«. Davon ist das Hauptwort Koitus abgeleitet.

Da das Verb *käpsele* älter ist als das *Käpsele* im Sinne von Zündkapsel, hat es auch nichts mit bumsen im Sinne von knallen zu tun. Vermutlich kommt es vom längst vergessenen *kebsen*. Darin steckt die *Kebse*, auch *Kebsweib* genannt. Das war die Konkubine. *Kebsen* bedeutet mithin dasselbe wie das etwas zärtlichere schwäbische *käpsele*.

Ob übrigens hervorstechende Leistungen auf diesem Gebiet ebenfalls mit dem Prädikat *Käpsele* honoriert werden, darüber gibt es bisher keine Untersuchungen.

Die Angst vor dem Jenseits

Mag ein Schwabe noch so sehr im Diesseits verhaftet sein: Zum Äußersten gereizt, scheint er ins Transzendente zu wechseln, wenn er sagt: Du Jenseits-*Arschloch!*

Die schwäbische Mundart ist reich an Schimpfwörtern. Es gibt ganze Bücher, Kalender und anderes Schrifttum, die sich ausschließlich diesem Thema widmen. Manches Mundart-Bühnenstück lebt wesentlich von angeblich »typischen« schwäbischen Schimpfkanonaden, die den Autor der Notwendigkeit entheben sollen, geistreich zu sein.

Allerdings ist zu fragen, wie viele dieser Vokabeln im Alltag tatsächlich zum Einsatz kommen. Schließlich verspürt, wer echten Ärger loswerden will, wenig Neigung, besonders originell zu sein. Insofern ist die Anzahl der Schimpfwörter des täglichen Gebrauchs begrenzt. Variationsmöglichkeiten bieten jedoch verschiedene verstärkende Zusätze, die gerne genutzt werden.

Betrachten wir zum Beispiel das »*Jenseits*-Arschloch«. Es ist vermutlich die schlimmste Spontan-Beschimpfung, die der Schwabe kennt. Arschloch beiseite – konzentrieren wir uns auf das *Jenseits-*: Es dient dazu, das Grundwort zum Äußersten zu steigern.

Aber warum *Jenseits-*? Fischers Schwäbisches Wörterbuch lässt uns bei der Suche nach der Antwort im Stich. Es kennt *jenseits* nur als das, was es im Grunde bedeutet: das Gegenteil von *diesseits* und im übertragenen Sinne das Reich der Götter und der Toten.

Nun sind Rindviecher, Deppen, Seggl und was sonst an Ausdrücken mit *Jenseits-* zu steigern ist, äußerst diesseitig, und auch die Anwender solcher Schimpfwort-Kombinationen zeigen üblicherweise geringe Neigung zum Transzendenten – zumindest in den Momenten, in denen sie das böse gemeinte *Jenseits-* im Munde führen. Was also veranlasst sie dazu?

Es scheint sich bei jenem *Jenseits-* um eine jüngere Schöpfung zu handeln, weshalb Fischer sie noch nicht kannte. Schlägt man dort allerdings unter *Jesus* nach, findet man ein stattliches Repertoire zunächst an Ausrufen, dann aber auch an Beschimpfungen, die auf *Jesus* zurückgreifen.

Da sind zunächst die Schreckensrufe *Jeses/Jaises/Jessas, o Jeges, Jeses Gott!, Jeses Maria und Josef!* oder einfach die Kurzversion *o je!*, die im Schwäbischen zu *o jele!* verniedlicht ist. Bemerkenswert ist übrigens das im Grunde lateinische *o Jemine!*, das zusammengezogen ist aus *o Jesus domine!* – o Herr Jesus!

»Ähnlich wie Herrgotts-, Gottes- wird *Jesus-* auch als Intensiv verwendet«, teilt Fischer mit und nennt als Beispiele *Jesuslump, Jesusrausch* sowie das Adjektiv *jesusmäßig*. Und da sind wir wieder beim *Jenseits-*: In dem Maße, wie dieses in den letzten Jahrzehnten *Jesus-* verdrängt hat, wurde auch *jesusmäßig* durch *jenseitsmäßig* ersetzt.

Vermutlich steckt dahinter das Kalkül, dass ein mit *Jenseits-* verstärktes Schimpfwort dereinst im Jenseits milder geahndet wird als die gotteslästerliche Urversion.

Mind, minder, am mindesten ✓

Der Superlativ höchstens *kommt von* hoch. *Doch wie lautet das Grundwort von* mindestens? *Nur ein Schwabe wird ohne zu zögern sagen:* mind.

Wenn es dem Schwaben übel ist oder sonstwie schlimm geht, ist ihm mindestens *mind* (sprich: *mend*), wenn nicht *erdenmind, bôômind* oder gar *hundemind* – was stärker ist als *saumind.*

Wenn Schwaben mit einer Ware nicht zufrieden sind, bezeichnen sie sie abschätzig als *mind*, was dasselbe bedeutet wie *minder*wertig, aber kürzer und prägnanter ist und zudem erlaubt, die Mundwinkel weit nach unter zu ziehen, womit die Botschaft optisch verstärkt wird. Das Urteil »Des isch *ganz* mend!« – Betonung auf »ganz« – ist vermutlich die schlimmste (beziehungsweise auf schwäbisch: die *mindeste*) aller denkbaren Wertungen.

Im Schriftdeutschen gibt es das Wort *mind* nicht, sondern nur die gesteigerten Formen *minder* und *mindest*. Die haben denselben Sinn wie »weniger« und »wenigst«. In den Kombinationen *minder*bemittelt, *minder*jährig, *minder*begabt teilt das Wort *minder* mit, wovon jeweils weniger vorhanden ist als zur Erfüllung irgendeiner Norm nötig wäre: Begabung, Jahre, Sach.

Mindest hingegen bezeichnet ein notwendiges Minimum, ein *Mindest*maß, eine *Mindest*größe, eine *Mindest*leistung (und nicht etwa eine *Minder*leistung).

Deutlicher als im Schriftdeutschen haben *minder* und *mindest* im Schwäbischen eine qualitative Bedeutung: *Minder* ist »schlechter« oder »schlimmer« und *mindest* ist »schlechtest« oder »schlimmst«. Wenn das Wetter *minder* ist als im Vorjahr, kann es sein, dass man den *mindesten* Wein seit einem Jahrzehnt bekommt. Und das wäre natürlich *ganz* mind.

Damit sind wir beim Eigenschaftswort *mind* angelangt, das es nur im Schwäbischen gibt. Doch im Gegensatz zu anderen Vokabeln, die heute als spezifisch schwäbisch gelten, früher aber im ganzen deutschen Sprachraum verbreitet waren, ist *mind* eine schwäbische Eigenentwicklung, eine Ableitung aus *minder* und *mindest*, und zwar, wie es scheint, eine relativ junge.

Zwar mag man es recht merkwürdig finden, dass es *minder* und *mindest* ursprünglich nur in der gesteigerten, nicht aber in der Grundform *mind* gegeben haben soll. Doch bei den Römern war es genauso: *minder* heißt auf lateinisch *minor* oder *minus*, und *mindest* entspricht dem Superlativ *minimus*. Auch hier fehlt die Grundform.

Im Schwäbischen war *mind* laut Fischers Schwäbischem Wörterbuch früher ebenfalls noch recht selten. Erst zu Beginn des 20. Jahrhunderts scheint es Eingang in die Schüler- und Studentensprache gefunden zu haben, »zunächst sicher absichtlich zu komischer Wirkung«.

Diese komische Wirkung dürfte allerdings nur minimal zum Tragen gekommen sein, wenn die Schüler und Studenten ihren Erziehungsberechtigten ein *mindes* Zeugnis oder Examen präsentiert haben.

bisele

Der Leib und seine Verrichtungen

Für die Einzelteile seines Körpers benutzt der Schwabe oft Bezeichnungen, die von der Standardsprache abweichen. Dasselbe gilt auch für den körperlichen Stoffwechsel.

Wenn die Lätsch hängt

Neben den üblichen herabhängenden Körperteilen von Menschen beiderlei Geschlechts verfügen die Schwaben über eines, das nur temporär hängt: die Lätsch.

Durchleidet ein Schwabe gerade eine depressive Phase, dann reagiert seine Umwelt darauf mit der Bemerkung: »Der henkt d' *Lätsch* naa.« Diese Formulierung beschreibt einen passiven Vorgang: Der Leidende hat die Gewalt über seine *Lätsch* der Schwerkraft überlassen, welche sie nach unten zieht, ohne dass irgendein Gesichtsmuskel dem entgegenwirkt.

Die *Lätsch* muss aber nicht ausschließlich das Ergebnis eines passiven (Sich-)Hängen-Lassens sein. Sie kann auch aktiv bewirkt werden. Dies ist der Fall, wenn einer »d' *Lätsch* naazieht«. Die Ursache ist ebenfalls Frustration, die sich in diesem Falle aber nicht in Resignation, sondern in Zorn oder Trotz äußert.

Nichtschwaben mögen inzwischen erraten haben, dass es sich bei dem fraglichen Körperteil um die Unterlippe handelt. Allerdings nicht um die physische, sondern um eine gedachte, mentale. Denn nur die kann man »bis auf de Bode naahenke«, wie die Beschreibung eines besonders desolaten Gemütszustandes lautet.

Greifen wir etwas kürzer und lassen wir die *Lätsch* nur bis zum Solarplexus reichen, dann ergibt sich unwillkürlich ein Bild, das an einen *Latz* erinnert. Tatsächlich ist die *Lätsch* mit dem *Latz* verwandt. Beide gehen auf das italienische Wort *laccio* zurück, das »Schlinge« oder »Schleife« bedeutet und in seiner spanischen Version *lazo* in den Wortschatz der nordamerikanischen Viehtreiber und von dort als *Lasso* ins Deutsche gelangt ist. Das heißt: Die *Lätsch*, der *Latz* und das *Lasso* sind Geschwister oder zumindest nahe Verwandte, deren Urahn im Übrigen das lateinische Wort *laqueus* ist, das »Strick, Schlinge« oder »Falle« bedeutete.

Wie kann aus einem Strick oder einer Schlinge eine hängende Unterlippe werden? Das Grimm'sche Wörterbuch weiß die Antwort. Es weist *Lätsch* dem Schweizerischen zu, wo es allerdings *»der Lätsch«* heißt, und übersetzt es als »Schleife, zumal an einem Hals- oder Brusttuche: das Halstuch; dann auch die Schlinge eines Bandes, eines Strickes, eines Drahtes oder Fadens zum Vogelfangen; dann auch der Brustlatz einer Weiberschürze; bildlich ein verzogenes Maul.«

Nicht minder populär wie das Hauptwort *Lätsch* ist das Eigenschaftswort *lätschig. Lätschig* sind die Wecken vom Vortag, ist die Haut einer unsachgemäß gebratenen Gans, ist der in einer wässrigen Brühe ersäufte Kopfsalat. *Lätschig* – die Bayern sagen *letschert* – ist auch, wer mittags zu lange geschlafen oder morgens vergessen hat, sich mit Kaffee zu dopen.

Lätschig bedeutet mithin »weich, schlapp« und ist verwandt mit *lasch* wie mit der *Latsche* im Sinne von »Schuh«. Doch mit der *Lätsch* hat *lätschig* nicht das Geringste zu tun, selbst wenn die noch so schlapp hinabhängt.

Dem Zenka auf der Spur

Die normale Nase dient erstens als Riechorgan und verleiht zweitens ihren Trägern Profil. Die Nase des Schwaben wird darüber hinaus zum Sprechen benötigt.

Stimmbänder und andere Sprechwerkzeuge reichen nicht aus, um eine korrekte schwäbische Aussprache zu erzielen. Der Einsatz der Nase ist dazu unabdingbar. Schwäbisch wird durch die Nase gesprochen – zum Beispiel das Wort *Nase*, das auf Schwäbisch je nach Region zu *Nââs* oder *Nêês* nasaliert wird.

Nââs oder *Nêês* ist ein wertneutraler Ausdruck, der für alle Funktionalitäten der Nase taugt. Man »schwätzt durch d' *Nââs*«, man setzt sie als Signalgeber ein, indem man *d' Nââs naufzieht*, so einem etwas nicht passt. Oder als Stimmungsbarometer, indem man *d' Nââs naahenkt*. In diesem Falle kann aus der *Nââs/Nêês* auch leicht ein *Rüeßel* werden, den man noch ein Stück weiter naahenken kann.

Die Nase fungiert als Antenne, etwa wenn einem etwas *in d' Nââs sticht*. Als eine der am weitesten hervorspringenden Körperregionen ist sie bei Vorstößen in Risikobereiche am meisten gefährdet, auch im übertragenen Sinne: Mancher Hobby-Börsianer hat in letzter Zeit *d' Nêês arg neibråcht*.

Nur zu einem braucht der klassische Schwabe *sei Nââs/Nêês* nicht: zum *Riechen*. Denn er *riecht* nicht, sondern er *schmeckt* – im doppelten Sinne: Er *schmeckt* den Schweinebraten, und er *schmeckt*, wenn er vom Tanken kommt, nach Diesel.

Insofern ist es merkwürdig, dass er die Nase auch als *Riechkolben* bezeichnet und nicht als *Schmeckkolben*. Merkwürdig ist auch, dass, wer instinktiv eine vorteilhafte Entscheidung getroffen hat, sich rühmt, den *richtigen Riecher* gehabt zu haben.

Müsste es nicht *Schmecker* heißen? In diesem Zusammenhang sei daran erinnert, dass in den Fünfzigerjahren unter der Jugend tatsächlich das Wort *Schmecker* kursierte. Aber damit war ein Schlag auf die Nase gemeint, dem stets die mit geballter Faust vorgetragene Frage vorausging: »Mâgsch amål *schmecke?*«

Während *Riecher* das Wahrnehmungsorgan Nase kennzeichnet, gilt das Synonym *Zinken* ausschließlich der Nase als optischem Signal. Wer einen *Allmachtszenka* vorweisen kann, zeigt Profil, selbst wenn seine Persönlichkeitsstruktur einem nassen Sack gleicht.

Zinken ist laut dem Grimm'schen Wörterbuch oberdeutschen Ursprungs: »Hier ist eigentlich die derbe Bezeichnung einer starken Nase als *Zinken* zu Hause.« Insofern wird es alle, welche den Schwaben für den Ursprung der Menschheit halten, freuen, dass in der Inka-Sprache Quechua das Wort für Nase *senqa* lautet, was fast wie der schwäbische *Zenka* ausgesprochen wird.

Damit wäre Erich von Däniken widerlegt, der Außerirdische in den Anden hat ausmachen wollen. Der *Zenka* hat uns auf die richtige Spur geführt: Jene geheimnisvollen Fremden, welche dort gelandet sind und die markanten Inka-Nasen sofort als *Zenka* bezeichnet haben, waren natürlich Schwaben.

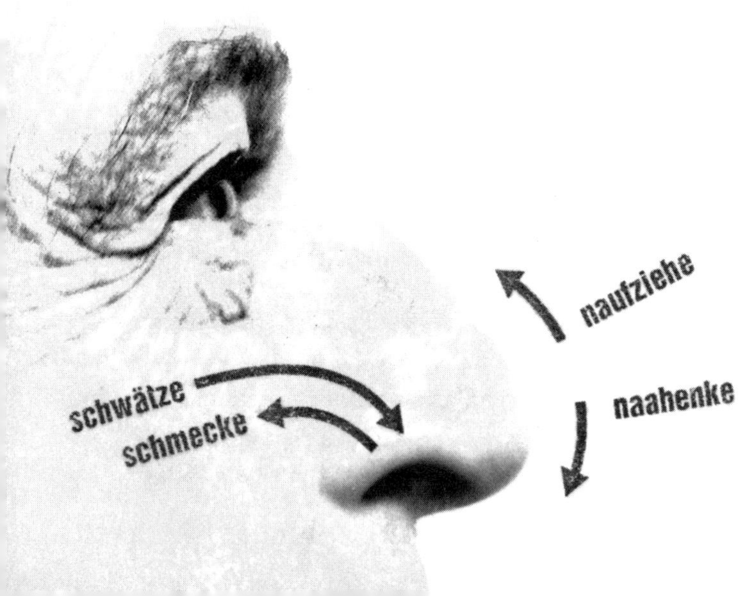

Rossmucken

Als »Sommersprossen« werden gemeinhin die kleinen Hautflecken bezeichnet, die unter Sonneneinwirkung erblühen. Der Schwabe aber nennt sie Rossmucke.

Rossmucken! Wie viele Assoziationen enthält doch dieses Wort! Sie bewegen sich zwischen lästig und lustig, lassen an etwas denken, was zumindest jene gerne verscheuchen würden, denen die *Rossmucken* auf der Nase herumtanzen.

Da mag der Galan noch so glaubwürdig versichern »Ich bin ja so verschossen in Deine Sommersprossen« – der und erst recht die davon Befallene – auf gut Schwäbisch: der oder die *Rossmuckete* – würde sie gerne hinwegwischen, wie Mucken eben. Und selbst wenn sich die *Rossmucken* mit Einbruch der kalten Jahreszeit zurückziehen: Spätestens im nächsten Sommer sind sie wieder da wie die Mucken, sprießen wieder, was auch dem schriftdeutschen Ausdruck Sommersprossen seine Existenzberechtigung verleiht.

Doch mit welcher Spezies vergleicht der Begriff *Rossmuck* die Sommersprosse eigentlich? Man denkt unwillkürlich an die aufdringliche Fruchtfliege, die von der Größe und Farbe her der Sommersprosse vielleicht noch am nächsten kommt. Aber die heißt eben Fruchtfliege und nicht *Rossmuck*.

Fischer weist in seinem Schwäbischen Wörterbuch der *Rossmuck* die Bedeutung von »Rossfliege, Bremse, Mistfliege« zu. Ein Gesicht voller Mistfliegen? So betrachtet könnte der Ausdruck *Rossmuck* zum Gegenstand einer Beleidigungsklage werden.

Doch dazu wird es nicht kommen, wenn man weiter nachblättert und feststellt, dass die *Rossmuck* im Sinne von Sommersprosse nicht auf dem Vergleich mit einem Insekt fußt und darüber hinaus mit nur einem *s* geschrieben wird: *Rosmucke* bei Fischer und *Rosmücke* in Grimms Deutschem Wörterbuch.

Die *Rosmuck* hat also nichts mit dem Ross zu tun – aber auch nicht mit der Rose. Grimm leitet sie von *Rosem* her, das heute kein Mensch mehr kennt. Es hat bereits im Althochdeutschen existiert, wo es noch *rosamo* hieß – und nichts anderes bedeutete als »Sommersprosse«. Im Mittelhochdeutschen wurde es dann zu *roseme*.

Jenes Wort aber ist laut Grimm verwandt mit dem *Rost*, und darin steckt wiederum die Farbe *rot*. Kluges Etymologisches Wörterbuch erklärt das Wort »Rost«: Es bedeute »mit Röte versehen«. Ähnliches dürfen wir für *Roseme* annehmen, wobei auf den uncharmanten Vergleich zwischen Sommersprossen und Rostflecken nicht weiter eingegangen werden soll.

Damit wäre der erste Teil der *Rosmuck* erklärt. Was aber haben nun diese roten Farbtupfer mit den schwäbischen *Mucken* zu tun? Grimm ist sich da nicht sicher. Er stellt eine Zusammensetzung mit *Mocke* (Klumpen) zur Diskussion. Doch ob Klumpen oder *Mucken*: Festzuhalten bleibt, dass die schwäbische *Rossmuck* eine uralte Bezeichnung für jenen Pigmentfleck in sich bewahrt.

Füß und Boiner

Der schwäbische Fuß *reicht hinauf bis zur Grattel, wie der »Schritt« auf schwäbisch heißt.* Beine *hat der Schwabe keine, allenfalls* Boiner, *die aber von Kopf bis Fuß.*

Wenn sich ein Schwabe den *Fuß* bricht, kann sich die Fraktur irgendwo zwischen den Zehen und dem Oberschenkelhals befinden. Denn der schwäbische *Fuß* vereint in sich die schriftdeutschen Begriffe »Fuß« und »Bein«. Warum verzichten die Schwaben auf jenes »Bein«?

Diese Frage lässt sich vielleicht mit der Gegenfrage beantworten: Warum nicht? Denn Bein und Fuß bilden eine funktionale Einheit. Fehlt eines der beiden Elemente, kann man weder gehen noch stehen noch kicken. Da der Mensch im Gegensatz zum Affen verlernt hat, seine Zehen differenziert zu gebrauchen und mit ihnen weder greifen noch Klavier spielen noch in der Nase bohren kann, ist der Fuß ohne Bein praktisch funktionslos, und das Bein ohne Fuß sowieso.

Das mag erklären, warum den pragmatischen Schwaben der Begriff *Fuß* zur Beschreibung des gesamten Gehapparates genügt. Und über »tolle Beine« spricht man im Schwäbischen ohnehin nicht. Man erfreut sich ihrer schweigend, allenfalls mit anerkennendem Grunzen. Und sollte einem das Herz doch so voll sein, dass die Gosch überfließt, wird er die fleischigen Teile, nämlich die Schenkel und Waden rühmen und nicht die »Beine«.

Aus gutem Grund: Das Wort *Bein* existiert im Schwäbischen durchaus, hat allerdings seinen ursprünglichen Sinn von »Knochen« beibehalten. Ausgesprochen wird es *Boî*, die Mehrzahl lautet *Boiner*. *Boiner* hat man im ganzen Körper, und wenn sie, etwa in Folge von Magersucht, allzu sehr zum Vorschein treten, dann wird der oder die Betreffende gerne als *boinig* beschrieben. Ist nach der ortsüblichen Ruhezeit auf dem Friedhof Asche zu Asche und Staub zu Staub geworden, bleiben dennoch meistens die *Boiner* übrig. Präpariert und zusammengefügt ergeben sie den *Boiner*karle, der die Schüler durch den Biologieunterricht begleitet und der im übertragenen Sinne am Ende des Daseins als Sensenmann fungiert.

Im Mittelhochdeutschen wurde das *Bein* vom schieren Knochen allmählich zu Ober- und Unterschenkel, wie wir von Walther von der Vogelweide wissen, der im 13. Jahrhundert beim Nachdenken »Bein mit Beine« deckte. Die Schwaben haben diesen Schritt nicht mitvollzogen und schlagen beim Denken nach wie vor die *Füß* übereinander.

Auch für die Erhaltung der Art spielen die *Füß* im ganzheitlichen Sinne mitunter eine wichtige Rolle, nämlich bei der Kontaktaufnahme. Dafür gibt es eigens das Verbum *fußle*, das Fischer vorstellt als »mit den Füßen unter dem Tisch aneinander zu berühren suchen, besonders von Liebenden«. »Die *fußlet* mitananader«, heißt es dann.

Besonders prickelnd ist verbotenes, also vor- oder außereheliches *Fußeln*. Wird dies jedoch bemerkt, hilft mitunter nur eines: *fußle* im Sinne von »hurtig hinwegeilen«.

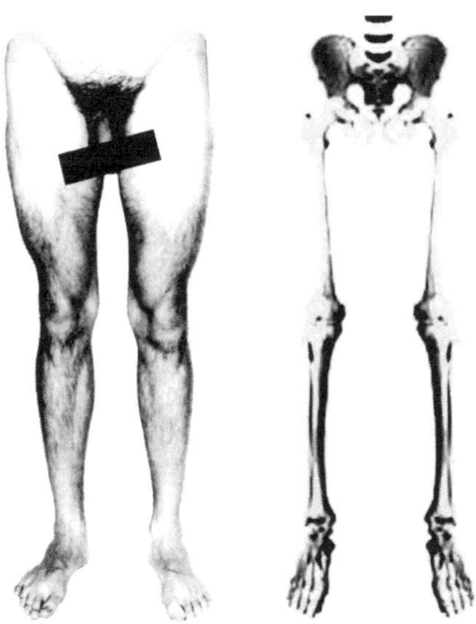

Füß **Boiner**

Das Fiedle – ein Grenzfall

Es gibt Körperregionen, über die man zwar offiziell nicht spricht, dafür aber inoffiziell umso öfter. Ein Grenzfall ist das Fiedle, *wie der Schwabe das Hinterteil nennt.*

Fiedle ist in mehrerlei Hinsicht ein Grenzfall. Man darf das Wort noch in den Mund nehmen, denn es ist weniger harsch als der gleichbedeutende »Arsch«, der weit tiefer in der Tabuzone angesiedelt ist. Der mag allenfalls noch zulässig sein im Schwäbischen Gruß, so dieser freudige Überraschung ausdrückt. Zum Benennen des verlängerten Rückens jedoch eignet sich »Arsch« nur im vertrauten Kreise.

Anders verhält es sich mit dem *Fiedle*. Es steht in der Anstößigkeitsskala etwa auf derselben Stufe wie »Hintern«, weist diesem gegenüber aber eine regionale Färbung auf und gehört somit zur schwäbischen Folklore. Allerdings mangelt es dem *Fiedle* am Sexappeal, den sowohl der Arsch wie der Hintern gelegentlich annehmen können. So käme wohl niemand auf die Idee, zu sagen: »Der/die hat ein tolles *Fiedle*.«

Warum nicht? Eine mögliche Erklärung findet sich in Fischers Schwäbischem Wörterbuch, in dessen erstem Band dem *Füdle* nicht weniger als drei Spalten gewidmet sind. Darin teilt Fischer mit, dass dieses Wort ursprünglich den Schließmuskel bezeichnet habe. Der aber wirkt auf die Mehrheit der Bevölkerung weniger attraktiv als die umliegenden Sitzmuskeln, so sie den ästhetischen Konventionen entsprechen und das Verfallsdatum noch nicht überschritten ist.

Nicht nur in puncto Schicklichkeit ist das *Fiedle* ein Grenzfall, sondern auch hinsichtlich seiner Ansiedlung in der menschlichen Anatomie. Zwar gilt es als schwäbisches Hinterteil, aber die Geschichte des Wortes weist weiter nach vorn. Denn *Fiedle* lautet im Schriftdeutschen *Füdlein*, steht als solches im Deutschen Wörterbuch der Brüder Grimm, und die ziehen sich bei der Erklärung des Wortes wieder einmal mit einer lateinischen Vokabel aus der Affäre. Sie lautet »vulvula«, auf gut deutsch »kleine Vulva«. Dementsprechend ist *Füdlein* die »kleine *Fud*«, ein Wort, das den Hessen noch geläufig ist und den Schwaben einmal geläufig war, wie das Schwäbische Wörterbuch ausweist. Es kommt vom mittelhochdeutschen *vut*, welches wiederum nicht nur die Vulva, sondern auch das Hinterteil bezeichnen konnte.

Als Grund für diese Grenzen verwischende Unschärfe gibt Kluges Etymologisches Wörterbuch an, »dass bei einem Nebeneinander der Bedeutung ›Scheide‹ und ›Hintern‹ die letztere in der Regel die ursprünglichere ist, weil die Wörter für ›Scheide‹ stärker tabuisiert sind und deshalb im aktuellen Sprachgebrauch das Wort für ›Hintern‹ verhüllend dafür eintreten kann«.

Mit großer Erleichterung wollen wir aus dieser Aussage schließen, dass *vut* und das daraus entstandene *Fiedle* ursprünglich tatsächlich »nur« das Hinterteil bezeichnet haben. Und damit steht einer weiteren freimütigen Verwendung dieses Wortes nichts mehr im Wege.

Vom Stoffwechsel

Zu den Dingen, über die man offiziell nicht spricht, gehört die Endphase des menschlichen Stoffwechsels. Doch inoffiziell gibt es dafür einige untersuchenswerte Verben.

Nach den herrschenden Benimmregeln gilt es als unfein, außerhalb von Arztpraxen über das Ausscheiden von Verdauungsendprodukten zu reden. Doch die Menschen im Lande sehen das meist nicht so eng und nutzen die dafür zur Verfügung stehenden Vokabeln ausgiebig.

Der diesbezügliche Wortschatz weist, was das Absondern fester Nahrungsrückstände betrifft, gegenüber dem Schriftdeutschen keine Besonderheiten auf. Für das Harnlassen hingegen werden in der Mundart vor allem drei Zeitwörter verwendet, die in der Standardsprache unüblich (geworden) sind: *bisele(n), brunze(n)* und *seiche(n)*.

In seinem Schwäbischen Wörterbuch hat Hermann Fischer eine Art Grobheitsskala entwickelt, auf der *biselen* ganz unten steht, gefolgt von *brunzen* und dem als noch derber eingestuften *seichen*. Beginnen wir mit dem milden *biselen,* das vor allem auf Kinder angewandt wird. Mild wird es durch die eingeschobene Verkleinerungssilbe *-le-,* die es von seinem vergleichsweise rohen Herkunftsverbum *pissen* unterscheidet. Das ist bereits im Mittelalter aus dem Französischen *(pisser)* entlehnt worden.

Brunzen ist ein hochinteressantes Zeitwort, das trotz der vier identischen Anfangsbuchstaben weder mit »Brunst« noch »Brunft« zu tun hat. Seiner mittelhochdeutschen Form *brunnezen* kann man noch ansehen, dass darin der *Brunnen* steckt. Was heute allerdings vergessen ist: Dieses Wort bezeichnete früher nicht nur eine Wasserentnahmestelle, sondern auch den Urin.

Und der spielte eine wichtige Rolle in der Diagnostik. Der Arzt besah den »Brunnen«, weshalb er respektlos als *Brunz*doktor oder *Brunz*gucker bezeichnet wurde.

Liegt es an der von Fischer festgestellten Derbheit, dass *seichen* die meisten Ableger getrieben hat? Es ist verwandt mit *seihen*, Ausgangsbedeutung ist »rinnen lassen«. Was dabei herauskommt, heißt *Seich*, womit im übertragenen Sinne auch ein lauwarm (schwäbisch: *seich*warm) daherrinnendes Geschwätz gemeint sein kann. Ein unreifer Jüngling ist ein »junger *Seicher*«, und der schwäbische Superlativ von »nass« lautet »*seich*nass«. Man wird es, wenn's draußen *seicht*.

Warum heißt der Löwenzahn *Seich*blümle? Fischer zieht zwei Erklärungen in Betracht, nämlich eine harntreibende Wirkung oder eine Wirksamkeit gegen Bettnässen.

Fischer zitiert zudem eine gereimte Lebensweisheit: »Das Leben ist dem Nachttopf gleich, von außen schön, von innen *Seich*«, wozu er kritisch anmerkt, dass »Nachttopf« ein unschwäbisches Wort sei. Tatsächlich sprach man im Schwäbischen von *Seich*- oder *Brunz*hafen oder -kachel, bevor der französische »Botschamber« (pot de chambre) in Mode kam. Doch in den wurde nach wie vor auf gut schwäbisch *biselet, brunzt* oder *g'seicht.*

Des
gifter
haus
Rar
fer
aufs
muss
!

Schwäbische Sprachregeln

Die Eigenheiten des Schwäbischen scheinen Außenstehenden oft willkürlich und regellos. Weder das eine noch das andere ist der Fall. Hinter den Abweichungen steckt System.

Wo man wenig leit und geit

»Wer über siebe Jungfere nüber schteigt / Und zu me alte Weib nei leit */ Der isch an Esel, / der isch net g'scheit.« Wer an* leit *Anstoß nimmt, sei beruhigt: Des* geit's *wirklich.*

Man hört es zwar immer seltener, aber es ist durchaus noch präsent, zumindest in Sprichwörtern oder Redewendungen: *leit*. Wir erinnern uns des Zungenbrechers »Glei bei Blaubeure *leit* a Klötzle Blei, a Klötzle Blei *leit* glei bei Baubeure.«

Leit ist die 3. Person Einzahl von *liegen*: er/sie/es *leit*. Im genannten Zungenbrecher entspricht es dem schriftdeutschen *liegen*: Das Bleiklötzchen *liegt* gleich bei Blaubeuren. Daneben aber hat *liegen* im Schwäbischen die Bedeutung von *sich legen*. In diesem Sinne ist die eingangs zitierte Volksweisheit zu verstehen, die offenbar aus der Zeit stammt, da es noch Jungfrauen gab.

Das Verb *liegen* im Sinne von *sich legen* signalisiert dann etwas Verwerfliches, wenn es passiven Charakter hat. Das dokumentieren weitere Sprüche, die in Fischers Schwäbischem Wörterbuch überliefert sind: »Wer lang *leit* verdirbt bei Zeit« oder – etwas versöhnlicher: »Wer länger *leit* als siebe Schtund isch fäuler als an Schäferhund.«

Bei dieser Gelegenheit erfahren wir auch, dass die traditionelle Maximal-Schlafdauer der Schwaben bei sieben Stunden und somit eine Stunde unterhalb des Limits liegt, das die Benediktiner ihren Mönchen zugestanden haben.

Obwohl *liegen* anders klingt als *geben*, kommen sich die beiden Zeitwörter in der dritten Person Einzahl ziemlich nahe: er/sie/es *leit* – er/sie/es *geit* (gibt). Wie kommt das?

Zunächst ist festzustellen, dass weder *leit* noch *geit* schwäbische Spezifika sind. So lauteten die Formen *liegst*, *liegt* im Althochdeutschen *ligis, ligit,* was seit dem 12. Jahrhundert auf *list* und *lit* reduziert wurde. Als später im Zuge der »Zwielautung« oder »Diphthongierung« die z*i*t zur Z*ei*t und das w*i*p zum W*ei*b mutierte, wurde *list* zu *leist* und *lit* zu *leit*. Das überdauerte im Neuhochdeutschen bis ins 17. Jahrhundert.

Ähnlich verhält es sich mit *geit*. Laut Grimm sind die mittelhochdeutschen Formen *gibest* und *gibet* im Sprachgebrauch zu *gist* und *git* verkürzt worden, »und das setzte sich im Neuhochdeutschen richtig fort als *geist, geit*«. Und so konnte es zu dem Sprichwort kommen, welches da lautet »Armut den Herzen Friede *geit*, Reichtum in großen Sorgen *leit*«, über dessen Wahrheitsgehalt man allerdings streiten kann.

Grimms Deutsches Wörterbuch, in dem das alles nachzulesen ist, erklärt übrigens auch noch ein weiteres Phänomen, das heute auf das Schwäbische begrenzt ist: Im Mittelhochdeutschen wurde *geben* seines *b* beraubt und geriet zu *gen*, die Mehrzahl *gebent* wurde zu *gent*. Während diese Sparmaßnahme in anderen Regionen rückgängig gemacht wurde, hat sie sich im Schwäbischen gehalten: Hier lautet der Infinitiv *gea* und der Plural »mir *geant*«. Nur im Schleiflackschwäbisch lautet das geflügelte Wort: »Mir *gebet* nix.«

's Maiers und McDonald's

Am Metzger sei *Hond – die landläufige schwäbische Art, den Genitiv zu umschreiben, ist etwas umständlich. Doch den gibt es auch noch in Reinform:* 's Metzgers *Hond.*

Seine Tage sind gezählt. Der Genitiv oder »Wesfall« stirbt allmählich aus. Am ehesten hält er sich noch in der Schriftsprache: Der Hut *des Mannes*, das Ende *dieses Jahres*, das Durchbrennen *der Sicherung.*

Die Mundarten, auch die Schwäbische, sind der Schriftsprache bei der Verödung des Genitivs einen Schritt voraus. Sie ersetzen ihn durch Konstruktionen mit dem Dativ, dem »Wemfall«: Der Hut *von dem / vom Mann*, das Ende *von dem / vom Jahr*, das Durchbrennen *von der Sicherung.* Für den besitzanzeigenden Genitiv (Genitivus possessivus) kennt das Schwäbische noch eine weitere Variante: *Dem Mann sein* Hut. Hier ist der besitzanzeigende Genitiv ersetzt durch einen Dativ mit nachfolgendem besitzanzeigendem Fürwort.

Allerdings ist der Genitiv nicht gänzlich aus dem Schwäbischen verschwunden, wie die Beispiele *'s Nachbers* Katz, *'s Metzgers* Hond, *'s Pfarrers* Kender beweisen. In all diesen Fällen handelt es sich um Lebewesen, deren Besitzer oder Erzieher männlich ist. Handelte es sich jedoch um eine Besitzerin oder Erzieherin, hieße es im Dativ: *dr Nachbere ihr* Katz, *dr Metzgere ihr* Hond, *dr Pfarrere ihre* Kender.

Das *'s* vor *Nachbers* Katz ist der letzte Rest des männlichen Genitiv-Artikels *des*: *des Nachbars* Katze. Man nennt dies einen »attributiven Genitiv«, der im Schriftdeutschen eher altertümlich anmutet. Normalerweise heißt es »die Katze *des Nachbars*« beziehungsweise *des Nachbarn.*

Der Genitiv hat zudem überlebt in erstarrten Formeln wie »*Manns* g'nug« oder in Wendungen wie »I gang jetzt zu *'s Maiers*«. Das klingt zwar wie »Ich gehe zu *den Maiers*«. Doch das müsste auf Schwäbisch »zu *de Maiers*« heißen. Das *'s* aber beweist, dass wir es auch hier mit einem Wesfall zu tun haben: »zu *des Maiers*«. Hier haben die Schwaben einfach das Wort »Haus« oder, wie Fischers Schwäbisches Wörterbuch anmerkt, »Familie« eingespart.

Diese Konstruktion hat übrigens ihre Entsprechung im Englischen, etwa im Falle von *McDonald's*. Das ist der Genitiv zu McDonald, zu dem man sich ein fehlendes Wort hinzudenken muss, etwa »Imbissstube« oder »junkfood«.

Somit verfügt das Schwäbische über drei Möglichkeiten, einen Genitiv auszudrücken: Zum ersten *'s Nachbers* Katz, zum zweiten d' Katz *vom Nachber* und zum dritten *am Nachber sei* Katz. Das *am* ist die unbetonte Form des männlichen Artikels im Dativ. Die betonte hieße *dem* Nachber sei Katz.

Muss man nun bedauern, dass den Schwaben der gemeine Genitiv (die Katze *des Nachbarn*) abhanden gekommen ist und sich das schwäbische Kasussystem von vier auf drei Fälle reduziert? Liegt die Zukunft auch des Schriftdeutschen in *dem Metzger seinem* Hund? Darüber zu disputieren wäre vermutlich ein Streit um *'s Kaisers* Bart.

Sui und dui und Fuir in dr Schuir

»Er wär' scho reacht. Aber sui!« *Die unverhohlene Missbilligung, die dieses geflügelte Wort ausdrückt, wird verschärft durch den gezielten Einsatz des* sui.

Wenn das *sui* in diesem Beispiel wirkt wie ein Giftpfeil, dann hat das damit zu tun, dass *sui* ebenso wie *dui* samt ihrem *Knui* auf dem Rückzug sind. Diese Tendenz hat schon 1925 der schwäbische Sprachforscher Josef-Karlmann Brechenmacher beobachtet und bedauert.

Er nannte das Schwäbisch, das nach wie vor jenes *-ui-* pflegte, »ungebügelt«. So erklärt sich die oben beschriebene Wirkung des *sui*: Es klingt grob, bäuerisch und soll *dui*jenige, wo als *sui* bezeichnet wird, in jenes Milieu verweisen, über das der Sprecher oder die Sprecherin sich haushoch erhaben fühlt.

Diese und andere *ui*-Wörter werden bis heute mitunter auch dort noch als Gemütlichkeit stiftendes Stilmittel verwendet, wo sie längst im Ruhestand sind. Dort beschwert man sich dann gerne volkstümlich polternd über das *tuire Zuig* in der Boutique, bittet kokett um *Fuir* oder quetscht sich hinters *Schtuir* des neuen Geländewagens. Allerdings gibt es auch Gegenden, wo das *-ui-* noch zum Alltag gehört, wo der schwäbische Bauer ein *Fuir* in der denkmalgeschützten *Schuir* legt und sich dann von der Versicherung eine *nuie* zahlen lässt.

Brechenmacher kommentierte den »unaufhaltsamen Rückzug« jenes *-ui-* aus dem Schwäbischen mit den Worten: »Schade, dass dieser prächtige Petrefakt zertrümmert wird!« Ein Petrefakt ist eine Versteinerung. Und in jenem *-ui-*, das sich übrigens im Schriftdeutschen nur in *hui* und *pfui* findet, ist ein etwa tausend Jahre alter Lautstand versteinert.

Das Schwäbische nämlich hat an dem althochdeutschen Zwielaut *-iu-* festgehalten, als dieser sich in den anderen Mundarten in ein *-ü-* verwandelte und später im Neuhochdeutschen zu *-eu-* wurde. Was sich im Schwäbischen geändert hat, war die Reihenfolge der beiden Vokale, die vor etwa einem Jahrtausend umgesprungen ist vom *-iu-* zum *-ui-*. Damals wurde aus *fiur fuir* (Feuer), aus *sciura scuir* (Scheuer), aus *iu ui* (euch), aus *niuwi nui*, aus *diu dui* und aus *siu sui*.

Warum allerdings aus *diu* und *siu* im Neuhochdeutschen nicht *deu* und *seu*, sondern *die* und *sie* wurde, ist eine Frage, die zu beantworten noch weiter in die Sprachgeschichte zurückzublenden wäre. Doch da es hier um Schwäbisch geht, begnügen wir uns mit der Erkenntnis, dass *dui* und *sui* ein verdrehtes Althochdeutsch sind.

Festzustellen ist allerdings auch, dass, um bei *dui* und *sui* zu bleiben, diese Lautung nur für die Einzahl gilt. Die Mehrzahl heißt *die* und *sie* – genau so, wie dies schon im Althochdeutschen der Fall war. Man hat sich also im Singular wie im Plural an Althergebrachtes gehalten.

Damit hat, bei näherer Betrachtung, die eingangs erwähnte *Sui* schon ein Jahrtausend auf dem Buckel. Da darf man dann schon seine Mucken – pardon: *Fluigen* – haben.

Des giltet net!

Da auch unschuldige Schwabenkinder beim Spielen danach trachten, die anderen zu bescheißen, ertönt aus der Spielrunde immer wieder der Ruf: »Des giltet *net!«*

Manche Eltern – vor allem solche norddeutscher Provenienz – betrachten es als einen weiteren Nachweis für die Richtigkeit der Pisa-Studie, wenn ihr Kind aus dem Kindergarten die Formulierung »Des *giltet* fei net!« mit nach Hause bringt. Denn die Form *giltet* gilt gemeinhin als falsch und günstigstenfalls als schwäbisch.

Doch anstatt nun sofort schuldbewusst das Genick einzuziehen, sollte jeder wackere Schwabe die Frage stellen: Warum eigentlich soll *giltet* falsch sein? Betrachten wir einmal andere Verben, deren Stamm wie der von *gelt-en* mit einem *-t-* endet: *falten, schalten, zelten*. Lautet da die 3. Person Einzahl etwa »er/sie/es *falt, schalt, zelt*«? Natürlich nicht, sondern »er/sie/es *faltet, schaltet, zeltet*«. Ebenso verhält es sich bei Verben, deren Stamm auf *-d* endet (und nicht »endt«): »er/sie/es *meldet, bildet, duldet*«.

Mithin konstruieren Kinder und Schwaben, die »es *giltet*« sagen, vollkommen konsequent und richtig. Die Frage lautet daher nicht: »Warum sagt ein Kind *giltet*, bevor man es ihm abgewöhnt hat?«, sondern: »Warum heißt es im Schriftdeutschen nicht *giltet*, sondern *gilt*?«

Man mag den zuvor genannten Beispielen entgegenhalten, dass die 3. Person Einzahl von *schelten* auch nicht *scheltet* oder *schiltet* heißt, sondern *schilt*. Denn *gelten* und *schelten* unterscheiden sich von den anderen genannten Beispielen dadurch, dass sie ihren Vokal wechseln: Ich g*e*lte, du g*i*lst, er g*i*lt. Tatsächlich fordert die Grammatik, dass bei Verben, die einen solchen e/i-Wechsel vollziehen, hinten das *-e-* wegfällt; also nicht »ich g*e*lte, du g*i*ltest, er g*i*ltet«, sondern »ich g*e*lte, du g*i*ltst, er g*i*lt«. Entsprechendes gilt für Verben mit dem a/ä-Wechsel: »ich h*a*lte, du h*ä*ltst, er h*ä*lt« und nicht »du h*ä*ltest, er h*ä*ltet«. Wenn Schwaben dennoch »er h*a*ltet« (mit *-a-*!) sagen, widerspricht das dieser Regel nicht: Sie greift hier nicht, weil das *-a-* nicht zum *-ä-* geworden ist.

Die Regel vom wegfallenden *-e-* hat allerdings nicht immer schon gegolten. Ursprünglich hat es tatsächlich »es *giltet*« geheißen. Diese Form war – neben *gilt* – noch im 18. Jahrhundert verbreitet, hat sich dann jedoch vor *gilt* in den Süden Deutschlands und in die Schweiz zurückgezogen. *Gilt* aber ist nichts anderes als die Kurzversion der Vollform *giltet*. Schon im Mittelhochdeutschen war das unbetonte *-e-* in bestimmten Fällen verschluckt worden, etwa, wenn es, wie in *giltet*, zwischen zwei *-t-* oder zwischen *-d-* und *-t* lag. So wurde »er wir*det*« zu »er wir*d*« und »er tri*tet*« zu »er tri*tt*«, wobei im Fall von »er tri*tt*« das zweite *-t* erhalten blieb. Insofern müsste man statt *gilt* eigentlich *giltt* schreiben.

Wer all dies zur Kenntnis genommen hat, wird nie wieder behaupten, dass *giltet* falsch sei. Und die Kritik derer, die's nicht begriffen haben, *giltet* ohnehin nicht.

Gangen wie vor tausend Jahren

Die Schwaben gehen und stehen heute noch so wie vor tausend Jahren: Sie gangen *und* standen. *Dazu dürfen sie auch dann* standen, *wenn andere das nicht* verstanden.

»*Gang* endlich hoim!« »*Stand* net so domm rom!« »I ver*gang* vor Durscht.« »I kââ des Weib net aus*stande*.« Alle diese Formen gibt es im Schriftdeutschen nicht. Dort wird zwar auch ge*gangen* und ge*standen*, aber nur im Partizip und in der Vergangenheit. In der Gegenwart aber *steht* und *geht* man, und dem entsprechen die Befehle: »*Geh* endlich heim!« und »*Steh* nicht so dumm rum!«

Andererseits aber sagen die Schriftdeutschen nicht »ich bin ge*gehen*« oder »ich bin ge*stehen*« geschweige denn »ich *gah*« oder »ich *stah*«, sondern »ich bin ge*gangen*/ge*standen*« und »ich *ging*/*stand*«. Vergleichen wir die Stammreihen dieser beiden Zeitwörter im Schriftdeutschen und im Schwäbischen, ergibt sich folgendes Bild: In der Standardsprache heißt es *gehen, ging, gegangen; stehen, stand, gestanden*, im Schwäbischen hingegen *gangen, ging, gegangen* und *standen, stand, gestanden*. Die Frage, welche dieser beiden Reihen konsequenter ist, beantwortet sich von selbst: natürlich die schwäbische mit *gangen* und *standen*.

Betrachten wir die Substantive, die aus diesen Verben abgeleitet sind, ergibt sich dasselbe Bild, denn die heißen nicht »der *Geh*« oder »der *Steh*«, sondern »der *Gang*« und »der *Stand*«.

Tatsächlich sind *gangen* und *standen* keine schwäbischen Sonderentwicklungen. Vielmehr haben die Schwaben die alten Formen der beiden Verben bewahrt, die im Althochdeutschen noch *gangan* und *standan* hießen. Daneben aber kamen schon bald die Formen *gan* und *gen* sowie *stan* und *sten* auf, die von *gangan* und *standan* die Vergangenheitsformen *ging* und *stand* sowie die Partizipien *gegangen* und *gestanden* beibehalten haben. Schließlich haben sich *gen* und *sten* behauptet und wurden zu *gehen* und *stehen*.

Allerdings sagen beileibe nicht alle Schwaben *gange* und *stande*. Fischer schrieb, die *gang*-Formen seien »in der Sprache derjenigen sehr beliebt, welche weder reine Local-Mundart noch Herrensprache reden wollen«. Denn im breiten Dialekt sagt man *gao* und *stao*, wobei schon Fischer für *gao* feststellte, dass dieses von dem vornehm klingenderen *gange* zurückgedrängt wird. Dasselbe gilt für *stao* und *stande*. Das kommt wiederum von *gan* und *stan*, deren langes *-a-* vor dem Nasal *-n* sich dann mit diesem zusammen in ein nasaliertes *-ao* verwandelt hat.

Doch die 2. und 3. Person Einzahl »du *gåsch/ståsch*, er *gåht/ ståht*« kommen nicht von *gangen/standen*, sondern von *gan/stan*. Sonst müssten sie nämlich »du *gangsch/standesch*, er *gangt/ standet*« lauten. Hundertprozentig konsequent sind die Schwaben mithin auch nicht. Vermutlich hat hier die Maulfaulheit gesiegt, denn *gangsch/gangt* würde die Sprechwerkzeuge zu stark strapazieren. Und des *gåht* net.

Outg'sourct und abzockt

Wird das Schwäbische überfremdet? Umgekehrt: Es verleibt sich Fremdes ein. Das beweisen Wörter wie ââbaggert, wegbeamt, eig'scannt, abzockt *oder* outg'sourct.

»Mi hent se *outg'sourct.*« Ein solches Arbeitnehmer-Schicksal ist zwar keineswegs typisch schwäbisch, sondern global. Doch die hier zitierte Art, es mitzuteilen, ist schwäbisch. In der Standardsprache nämlich hieße es laut dem neuesten Duden: »Mich haben sie *outgesourct*«. Die englische Version, die sich zwar noch nicht in den handelsüblichen Lexika, wohl aber im Internet findet, lautet *outsourced.*

An diesem Verb, das so jung ist, dass erst wenige Wörterbücher es kennen, lässt sich nachvollziehen, wie die Mundart – wie auch die Schriftsprache – Ausdrücke, die sie brauchen kann, sich aneignet, ohne dabei ihren Charakter einzubüßen.

Der Große Fremdwörter-Duden von 1994 kennt noch kein *outsourcen*, sondern nur das Hauptwort *Outsourcing.* Dieses war damals noch ganz neu und zusammengesetzt aus den Wörtern *outside* (außen) und *resource* (Mittel). Damit wurde das Nutzen von Kapazitäten außerhalb der eigenen Firma bezeichnet und schließlich auch das Auslagern von Kapazitäten aus dem eigenen Betrieb.

Da sich die Unternehmer von einer solchen Maßnahme einen Spareffekt erhoffen, wurde und wird sie natürlich auch bei den sparsamen Schwaben heftig angewandt. Um diesen Vorgang zu beschreiben, wurde ein Verb notwendig, das sich dann so schnell verbreitete wie das Outsourcing. Seine schwäbische Version unterscheidet sich von der hochdeutschen nicht nur durch die Aussprache, sondern auch durch die schwäbische Konstruktion des

Perfekts. Um das Partizip Perfekt zu bilden, wird im Deutschen in aller Regel ein *ge-* vor den Wortstamm gesetzt: *ge*sagt, *ge*kommen, *ge*bracht. Bei zusammengesetzten, trennbaren Verben (abholen, ich hole ab) rückt das *ge-* in die Mitte: ab*ge*holt. Die Schwaben aber reduzieren das *ge-* auf ein schlichtes *g'-*: *g'*sagt, ab*g'*holt. Und selbst das lassen sie weg, wenn der Verbalstamm mit *b, p, g, k, q, d, t* oder z beginnt: i bin *komme*, i han *bracht*.

Das Wort *outsourcen* ist dem Sprachgefühl nach ebenso trennbar wie das Wort *ausgliedern*. Daher wird das Partizip entsprechend der Form »aus*ge*gliedert« gebildet: »out*ge*sourct«. Und da im Schwäbischen das *ge-* zu *g'-* wird, heißt es schwäbisch eben »out*g'*sourct«.

Auch andere neue Wörter passt das Schwäbische seinen Regeln an. So wird im Schwabenland keine Frau an*ge*baggert und kein Mensch ab*ge*zockt, sondern nur *ââbaggert* und *abzockt*. Dasselbe gilt für alle anderen Verben, die sich die Mundart aneignet, um zukunftsfähig zu bleiben: Nie hat je ein Schwabe ein Bild ein*ge*scannt, sondern *eig'scannt*. Auch in ferner Zukunft wird nie ein Schwabe sich je weg*ge*beamt haben, sondern *wegbeamt* han.

Schwäbisch ist eben keine tote Sprache. Hent Se des jetzt checkt?

Zum Verzweifle?

*Schwaben essen keine Nud*eln*, sondern Nud*le. *Sie ziehen keine Wurz*eln*, sondern Wurz*le *und setzen sich nicht in die Ness*eln*, sondern Ness*le. *Zum Verzweif*le? *Nein.*

Von der Wiege, wo er nicht in die Wind*el*n, sondern in die Wind*le* näss*let*, bis zum Sarg, den man hierzulande nicht zunag*el*t, sondern zunag*le*t, verwand*el*t beziehungsweise verwand*le*t der Schwabe in zahlreichen Wörtern die Buchstabenfolge -*el*- in -*le*-, wobei dieses -*le*- nichts mit der gleich lautenden Verkleinerungsform zu tun hat.

Er geht nicht zum Keg*el*n, sondern zum Keg*le*, wo er allerdings keinesfalls mit der Kug*le* auf die Keg*le*, sondern wie alle ordentlichen Deutschen mit der Kug*el* auf die Keg*el* zielt. Doch anders als bei den übrigen Deutschen fällt der letzte Keg*el* nicht etwa nach mehreren Kug*el*n, sondern nach mehrere Kug*le*.

Das zeigt, dass der Schwabe das -*el*- keineswegs immer in ein -*le*- verwandelt, sondern es bisweilen unverändert stehen lässt. Doch wann ist dies der Fall und wann nicht? Und warum verändert er häufig die Reihenfolge? Gibt es dafür etwa Reg*el*n beziehungsweise Reg*le*?

Bleiben wir zunächst bei den Nud*le*. Diese Teigware lautet in ihrer Einzahl auch im Schwäbischen Nud*el*. Erst in der Mehrzahl wird sie zu den Nud*le* verzwirb*le*t. Ändern wir den Vokal, ergibt sich dasselbe Muster: eine Nad*el*, viele Nad*le*. Machen wir aber aus der *Nadel* einen *Nagel*, kommt etwas völlig anderes heraus: ein *Nagel* und viele *Nägel*. Beim schon erwähnten *Kegel* ändert sich gar nichts: ein *Kegel*, viele *Kegel*; wohl aber bei der *Regel*: eine Reg*el*, viele Reg*le*, und ebenso: eine Kug*el*, viele Kug*le*, die, wenn man nicht aufpasst, davonrug*le*t.

Wenn also in einem schwäbischen Hauptwort das *-el-* zum *-le-* mutiert, dann nur in der Mehrzahl, aber nicht in jedem Fall. Die Reihenfolge ändert sich nicht in den Mehrzahlformen von *Apfel, Engel, Flügel, Kegel, Nagel, Segel, Teufel, Vogel* oder *Zipfel*. Wo sie sich im Schwäbischen ändert, lautet auch im Schriftdeutschen die Pluralform anders: *Kugel/Kugeln, Nudel/Nudeln, Regel/Regeln, Windel/Windeln* usw. Ferner fällt auf, dass all die genannten Wörter, die den Plural mit *-n* bilden, weiblich sind, die anderen aber männlich oder sächlich.

Doch obwohl die *Nägel* auch im Schwäbischen Näg*el* und nicht Näg*le* heißen, nag*el*t der Schwabe nicht, sondern er nag*le*t. Und obwohl er keine Zweif*le*, sondern ganz normale Zweif*el* hegt, zweif*el*t er nicht, sondern er zweif*le*t.

Das wiederum liegt daran, dass diese Verben noch im Mittelhochdeutschen nag*el*en und zwiv*el*en lauteten. Auch die von der anderen Sorte abgeleiteten Zeitwörter waren so gebildet, etwa kug*el*en oder vezz*el*en (fesseln). Und die Schwaben haben sich eben dafür entschieden, nicht das letzte, sondern das vorletzte *-e-* zu verschlucken.

A propos schlucken: Manchmal funktioniert die Sache umgekehrt, etwa beim Wort dunk*el*. So bestellt ausgerechnet der Schwabe kein dunk*le*s Bier, sondern ein dunk*el*s.

Auf me nauf und an me nââ

Wenn die Schwaben auf *den Zug oder* aufs *Rathaus gehen, lachen sich die Nicht-Schwaben tot. Dann aber landen auch sie nicht im, sondern* auf *dem Friedhof.*

Wollte man den Satz »I pressier *auf* de Zug« übersetzen mit »Ich eile zum Zug«, wäre das unzureichend. Denn am Zug angelangt, könnte der oder die Pressierende, der schriftdeutschen Version zufolge, auch stehen bleiben oder umkehren, während die schwäbische Fassung den klaren Willen erkennen lässt, den Zug dann auch zu besteigen. Sinngemäß muss der Satz daher lauten: »Ich habe es eilig, den Zug zu erreichen und einzusteigen.«

Das schwäbische Modell ist daher in sprachökonomischer Hinsicht dem schriftdeutschen haushoch überlegen. Doch anstatt dies zu würdigen, amüsieren sich viele Nicht-Schwaben über die hier angeblich unangebrachte Präposition *auf* und ziehen Vergleiche zu Ländern der Dritten Welt, wo minderbemittelte Reisende *auf* den Dächern der Züge und Busse sitzen. Besonders besserwisserisch gebärden sich dabei meist solche, die selber jahrelang ohne zu zögern *auf* die Universität gegangen sind und dort oben anscheinend den Höhenkoller bekommen haben.

Das Befremden äußert sich stets dann, wenn ein Schwabe *aufs* Ordnungsamt oder *aufs* Rathaus geht, nicht aber, wenn er *auf* den Schlossplatz, *auf* den Fußballplatz oder *auf* den Markt geht. Man mag das daraus erklären, dass, wer *auf* einen Platz geht, tatsächlich draufsteht, was bei einem Gang *aufs* Amt nicht nicht einmal dann geschieht, wenn ein Bürger den Beamten *aufs* Dach steigen möchte. Doch spätestens beim Friedhof ändert sich dies, denn wer *auf* dem Friedhof ruht, liegt nicht oben, sondern unten.

Dieses Beispiel zeigt: Die Präposition *auf* dient eben nicht nur dazu, ein Höhenverhältnis anzugeben, sondern auch eine Richtung, vergleichbar mit der Präposition *zu*. So geht man selbst in der Standardsprache nicht nur *zur* Jagd, sondern auch *auf* die Jagd oder *aufs* Land oder *auf* Reisen, oder man besucht *auf* einen Sprung die Freundin, wobei in diesem Fall das *auf* einen Zeitraum angibt.

Blicken wir zurück in die Sprachgeschichte, zeigt sich, dass *auf* im Neuhochdeutschen in vielen Fällen ein ursprüngliches *an* verdrängt hat. So saß man im Althochdeutschen nicht »*auf* dem Stuhl«, sondern »*ana* stuole«, ging man im Mittelhochdeutschen nicht »*auf* allen Vieren«, sondern »*an* allen vieren«.

Die Schwaben haben das *auf* noch auf weitere Sektoren übertragen, wie das Beispiel »Schtand net so b'häb *auf* me nauf« zeigt. Diese Aufforderung dient nicht der Abwehr einer Misshandlung, sondern der Abwehr unerwünschter Distanzlosigkeit. Die erwünschte Nähe hingegen wird mit *an* ausgedrückt, wie das Beispiel »*an* me nââschlupfe« zeigt. Daran ändert auch ein Wechsel vom *An*einander in ein *Auf*einander nichts, zumal der im Schwäbischen traditionellerweise wortlos vollzogen wird.

Tun und Nichtstun

Im Schwäbischen arbeitet und redet man nicht, sondern man schafft und schwätzt. Auch andere Tätigkeiten, Untätigkeiten oder Befindlichkeiten werden von den Schwaben vermittels ureigener und eigentümlicher Tunwörter ausgedrückt.

Schaffe isch a G'schäft √

> Arbeiten *ist für Schwaben ein Fremdwort. Lieber* schaffen *sie sich krumm und bucklig. Doch wenn ihnen das* Geschäft *zu mühselig wird, stöhnen sie: »Isch dees a* Arbet*!«*

»Jaa, bei ons wird *g'schafft;* 's isch a wahre Pracht«, fistelte einst das Rundfunk-Fritzle über den Südfunk Stuttgart. Und weil das Fritzle damit die Schwaben exakt so zeichnete, wie sie sich selber gerne sehen, nahm im Lande von Schiller, Hegel, Uhland und Hauff kein Mensch Anstoß daran, dass sich *»g'schafft«* ums Verrecken nicht auf »Pracht« reimt.

Das Lied gipfelte in der Aussage: »*Ôôg'schafft* kââ dr Schwob net sei!«, was sich nicht wörtlich ins Schriftdeutsche übersetzen lässt. Denn was sollte ein Schleswig-Holsteiner mit der Aussage anfangen: »Ein Schwabe kann nicht *ungeschafft* sein«? Er könnte diese doppelte Verneinung so verstehen, dass der Schwabe *g'schafft* sei, und dies als Hinweis auf einen dauerhaften Erschöpfungszustand unter den Schwaben begreifen. Dabei ist genau das Gegenteil gemeint.

Das Missverständnis kommt daher, dass man außerhalb Schwabens erst *arbeitet* und dann *geschafft ist.* In Schwaben aber *schafft* man, und wenn man *g'schafft hat,* ist man *hee.*

Das Verbum *arbeiten* ist den Schwaben zwar bekannt, aber sie benutzen es nicht. Es klingt lange nicht so *schaffig* wie schaffen, das eine ganz andere Qualität enthält als *arbeiten.* Denn *schaffen* ist im Kern wie *erschaffen* ein schöpferischer Vorgang und im Übrigen mit dem Wort *schöpfen* verwandt.

Daran ändert auch nichts, dass *schaffen* im Neuhochdeutschen sowohl stark wie schwach auftritt: *schaffen, schuf, geschaffen* und *schaffen, schaffte, geschafft,* die mitunter einen konträren Sinn haben können: Der Schöpfer hat die Welt *geschaffen*, die sich dreht, bis der Mensch sie eines Tages vollends *geschafft* hat.

Dennoch: *Schaffen* ist ein konstruktiver Vorgang, selbst wenn er destruktiv endet. *Arbeiten* hingegen ist allein von der Geschichte des Wortes her etwas Negatives. Wenn das Nibelungenlied an die alten Mären erinnert, die von »grozer *arebeit*« künden, dann wird hier nicht das Lob der Werktätigen gesungen, sondern auf große Müh' und Plage hingewiesen.

Das Wort *Arbeit* bedeutete also Mühsal und Not, etwas, dem man sich nicht freiwillig aussetzt. Dieser ursprüngliche Sinn ist im Schwäbischen noch erhalten, wo der Seufzer: »Isch dees a *Arbet!*« jene Mühen erkennen lässt.

Für die *Arbeit* im Sinne einer schaffenden Tätigkeit haben die Schwaben ein anderes Substantiv, das von *schaffen* kommt: das *G'schäft*, das nicht zu verwechseln ist mit dem *G'schäft* im Sinne von Laden oder Profit – eher im Gegenteil: Die Fälle sind selten, in denen der, der das das *G'schäft* hat, auch das *G'schäft* macht. Diese Erkenntnis steckt in der alten schwäbischen Redensart: »Vom *Schaffe* wird keiner reich.« Aber der Schwabe *schafft* ja nicht wegen dem Geld, sondern weil es sich so gehört.

Warum die Schwaben doa dädet ✓

Die Schwaben gelten als rührig, man kann auch sagen: tätig. *Das spiegelt sich in ihrem Sprachverhalten wider, in welchem das Verbum* tun *eine bedeutende Rolle spielt.*

Schwaben *würden* nicht, sie *täten* beziehungsweise *dädet*. Sie *würden* nicht sagen, sondern *dädet* sage, *würden* nicht heimgehen, sondern *dädet* hoimgange. Sie bilden die Möglichkeitsform nicht mit *werden*, sondern mit *tun*, das sich damit in ein Hilfszeitwort verwandelt.

Diese Besonderheit passt trefflich ins Selbstbild der Schwaben, demzufolge sie schaffig sind bis zum Umfallen und demzufolge sie selbst dann, wenn sie einmal nichts *tun* wollten, lieber schlafen *täten* als schlafen *würden*. Denn *tun* ist aktiv, während *werden* inaktiv ist und ein Geschehen schildert, das sich auch ohne äußeres Zu*tun* abspielen kann. Dennoch ist nicht anzunehmen, dass es derlei Erwägungen waren, welche die Schwaben veranlasst haben, dem *tun* den Vorzug vor *werden* einzuräumen. Was aber war es dann?

Zunächst ist festzuhalten, dass die Konstruktionen mit *täte/würde* Hilfskonstruktionen sind. Denn anstatt »ich *würde* gehen« beziehungsweise »i *dät* gange« hieß die Möglichkeitsform ursprünglich »ich ginge« – schwäbisch: »i geeng«. Mit *tun* als Hilfsverb beantworten Kinder bisweilen die Frage, was sie gerade treiben: »Ich *tu* gehen.« Die Verneinung »Ich *tu* nicht gehen« ist zwar im Deutschen unüblich, im Englischen hingegen Pflicht: »I *do* not go.« Welcher Schritt aber liegt wohl näher: der von »Ich *tu* gehen« zu »Ich *täte* gehen« oder zu »Ich *würde* gehen«?

Doch *tun* ist im Schwäbischen, wo es neben *doa* auch *dao* heißt, weit mehr als nur ein Hilfsverb. Es ist ein Multifunktionszeitwort, das ein breites Spektrum von Bedeutungen abdeckt. Seine ursprüngliche, nämlich »setzen, stellen, legen«, ist erhalten in Komposita wie nei*doa*, naus*doa*, nom*doa*, weg*doa* usw. *Tun* im Sinne von »handeln, agieren« spricht aus Wendungen wie »*Due* langsam!«, »*Due* net so bleed!« oder »Der *duet* wie's Rädle«.

Auch zur Beschreibung der Funktionsfähigkeit eines Gerätes ist *doa* an Knappheit und Präzision kaum zu übertreffen. Das geht vom triumphierenden »Jetz *duet's*!« über das situative »Des *duet* net« zum endgültigen »Des *duet* nemme«.

Doa hat auch eine akustische Komponente. »Was *duet'n* då so?«, fragt etwa der Autofahrer, wenn aus dem Motorraum ein ungewohntes Geräusch zu ihm dringt. Und wenn die Nachbarstochter auf der Geige übt, kann es schon mal vorkommen, dass ein entnervter Anwohner klagt: »Des *duet* ja saumäßig!«

Am liebsten aber verwendet der Schwabe *doa* im Sinne von »genügen«. »D'Hälfte hätt's au *doa*«, hört etwa der Sohn, der seinen Teller mit Spätzle überhäuft hat. Und als Synonym für »seinen Zweck erfüllen« gehört *doa* zu den Wörtern, die der Einzelhandel am meisten hasst. Denn vor jeder Neuanschaffung prüft der Schwabe mehrfach seinen Kaufwunsch und kommt meist zum Schluss: »Des alte *duet's* no lang.«

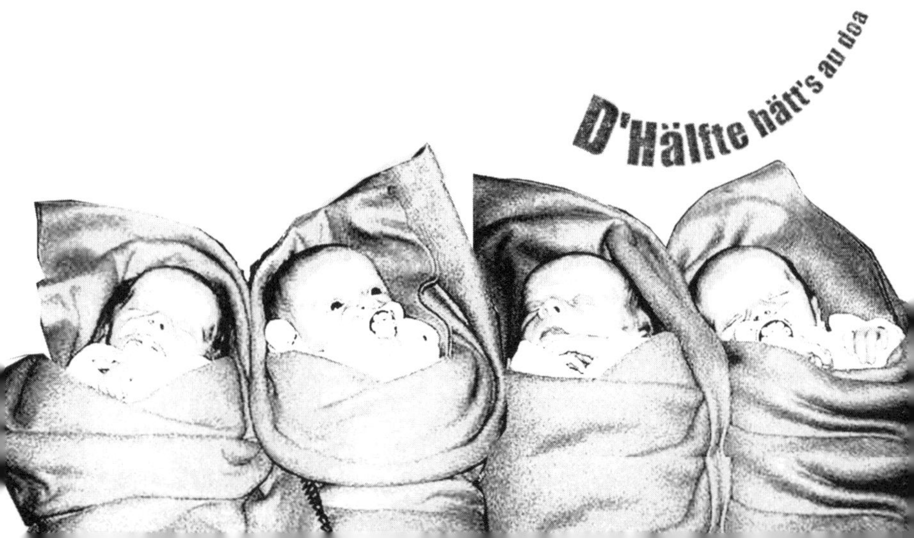

Vom Schwätzen und Schwatzen

Schwäbisch spricht *man nicht – man* schwätzt *es. Selbst der schweigsamste Schwabe* schwätzt, *wenn er etwas sagt. Doch wehe, man nennt ihn einen* Schwätzer.

Im Schwäbischen ist *schwätze* die Grundlage der menschlichen Verständigung. Doch im Schriftdeutschen gehört *schwätzen* wie das gleichbedeutende *schwatzen* zu den kommunikatorischen Redundanzen, das heißt, es ist überflüssig.

Der Unterschied liegt darin, dass das Zeitwort *schwätze* im Schwäbischen die schriftdeutschen Verben *sprechen, reden, sich verständigen, kommunizieren* ersetzt. Der Deutsche *spricht* deutsch, der Schwabe *schwätzt* schwäbisch. Ist er im Ausland, wo man ihn nicht versteht, *schwätzt'r mit de Händ.*

Mancher schwäbische Eigenbrötler tut, was nach schriftdeutschem Sprachverständnis ein Widerspruch in sich wäre: Er *schwätzt* wenig. Nicht möglich wäre im Schriftdeutschen auch das Lob: »Was der *schwätzt*, hat Hand und Fuß.«

Eine der effektivsten Methoden, Probleme zu lösen oder gar nicht erst aufkommen zu lassen, ist das *Miteinander-Schwätzen.* Auch die modernste Kommunikationstechnik und die perfekteste Videokonferenz können das nicht ersetzen.

Das aber bedeutet, dass *miteinander schwätzen* mehr ist als der reine Informationsaustausch. Es bedeutet das Erfassen der Persönlichkeit des Gegenübers nicht nur mit dem Ohr, sondern auch mit dem Auge und vielleicht der Nase (Tast- und Geschmackssinn sollte man besser nicht bemühen). Es bedeutet, Grenzen auszuloten, auf den Anderen einzugehen, ihm nötigenfalls entgegenzukommen. Das heißt, *miteinander schwätzen* ist ein ganzheitlicher Verständigungsprozess und daher ungleich erfolgreicher als der Austausch von Aktennotizen. Das Ende dieses Prozesses quittiert der Schwabe mit der zufriedenen Feststellung: »Mâ kââ ja *schwätze* mitananander.«

Worin besteht der Unterschied zwischen *schwätzen* und *schwatzen*? Warum eigentlich hat *schwätzen* diese unterschiedliche Wertigkeit?

Die doppelte Form liegt schon in den mittelhochdeutschen Verben *swatzen* und *swetzen* vor. Doch in der gesprochenen wie geschriebenen Sprache war *schwätzen* die üblichere Form. Im 18./19. Jahrhundert gewann *schwatzen* in der Schriftsprache das Übergewicht; *schwätzen* zog sich in die Mundart zurück.

In der Schriftsprache nahm das zunächst wertfreie *schwätzen* nun einen »tadelnden Nebensinn« an. So schrieb Lichtenberg: »Was heißt *schwätzen*? Es heißt, mit einer unbeschreiblichen Geschäftigkeit von den gemeinsten Dingen, die entweder schon jedermann weiß, oder niemand wissen will, so weitläufig sprechen, dass niemand darüber zum Worte kommen kann, und jedermann Zeit und Weile lang wird.«

Diesem Bedeutungswandel haben sich die Schwaben erfolgreich widersetzt – außer im Falle des *Schwätzers*. Den können auch sie nicht leiden.

Damit wäre wohl *älles gschwätzt*.

Gautschen, gampen, gumpen

Die Geschichte vom Zappelphilipp wäre in Schwaben ganz anders und völlig undramatisch verlaufen. Und der Autor hätte weniger Worte benötigt, um sie zu erzählen.

Falls jemand die Geschichte vom Zappelphilipp nicht kennen sollte: In seinem pädagogischen Grundlagenwerk »Struwwelpeter« schildert der Psychiater Heinrich Hoffmann (1809–1894) einen Jugendlichen, dessen Bewegungsdrang bei Tisch stärker ist als die Angst vor väterlichem Zorn. Der Bub kippt mit dem Stuhl nach hinten und zieht, das Tischtuch umklammernd, die darauf befindlichen Speisen und Getränke zu Boden.

Hoffmann treibt zum Beschreiben des hypermotorischen Knaben einen hohen verbalen Aufwand: *Er gaukelt Und schaukelt, Er trappelt Und zappelt Auf dem Stuhle hin und her.* Die Intervention des Herrn Papa lässt den klaren Willen zum Durchgreifen vermissen: *Philipp, das mißfällt mir sehr!* Dass diese laue Mahnung ungehört verhallt, ist kein Wunder. Ein schwäbischer Vater hätte geknurrt: »Hör auf zum *gampe*, sonsch kriegsch a Schell.« Auf der Stelle wäre der Sprössling still gesessen.

Hätte der Vater auch sagen können: »Hör auf zum *gautsche*«? Schließlich entspricht *gautschen* ebenso wie *gampen* dem neuhochdeutschen »schaukeln«. Beide sind stoßfrei, im Gegensatz zu »schaukeln«, das verwandt ist mit dem ebenfalls schwäbischen *schucken* und dem gleichbedeutenden mittelhochdeutschen *schocken*, welches mittlerweile über den englischen *shock* wieder Eingang ins Neuhochdeutsche gefunden hat.

Hätte der Vater also auch sagen können: »Hör auf zu *gautschen*«? Nein. *Gautschen* ist das Schaukeln auf der Schaukel: eine regelmäßige Bewegung. *Gampen* hingegen ist genau das, was

Hoffmann mit oben zitierten Zeilen zum Ausdruck bringen wollte: unberechenbares Schwanken mit ungewissem Ausgang.

Insofern irritiert es Menschen mit feinem Sprachgefühl, wenn es im Lied vom Wasen, auf dem die Hasen grasen, heißt: »Und im Neckar *gambet* d'Fisch.« Ist da etwa zu viel Wasenbier in den Neckar geflossen?

Es müsste wohl heißen: »Und im Nackar *gombet* d'Fisch.« Das käme von *gumpen*, das verwandt ist mit dem englischen *jump* und so viel bedeutet wie »springen, hüpfen, lustige, tolle aber unschöne Sprünge machen, mutwillig hinausschlagen von Vieh und Mensch, vor Freude hüpfen«. Eben das, was auch Fische tun, wenn es ihnen zu wohl wird.

Dieses *Gumpen* vollziehen am *gumpigen* Donnerstag nicht nur die weiblichen, sondern auch die männlichen Narren, wobei das Abschneiden von Krawatten durch diesen Begriff nicht abgedeckt ist. Jene symbolische Kastration verhindert jedoch nicht, dass an solchen Tagen das *Gumpen* leicht ins *Gampen* übergleiten kann, das laut Fischer noch eine weitere Bedeutung hat: »Mit leeren Wampen ist nicht gut *gampen*«, zitiert er eine alte Volksweisheit. Und die bezieht sich auf das paarweise Hin- und Herbewegen.

Schwaben lecken nicht

Ausgerechnet der Schwäbische Gruß beginnt mit einem Wort, das es im Schwäbischen nicht gibt. Denn Schwaben lecken *nicht, sie* schlecken *oder* schlotzen.

»Ja *leck* me am Arsch!« Dieser Ausruf gilt deswegen als »schwäbischer Gruß«, weil Schwaben damit bei einer unerwarteten Begegnung ihre freudige Überraschung ausdrücken. Dass dies eine festgefügte, im Grunde hochdeutsche Formel ist und keineswegs die Aufforderung zu einer unziemlichen Handlung, ergibt sich aus dem Wortlaut. Denn ein solcher Antrag müsste auf Schwäbisch lauten: »*Schleck* mr da Arsch ab!«

Warum die Schwaben lieber *schlecken* als *lecken*, ist nicht überliefert. Aber damit sind sie konsequent. Schließlich luckt, lingt, lemmt, labbert und lürft man auch nicht, sondern man schluckt, schlingt, schlemmt, schlabbert und schlürft. Wer *leckt*, kommt, bildlich gesprochen, mit der ausgestreckten Zunge daher, die beim *Schlecken* noch verdeckt ist. Insofern ist *schlecken* eine Spur dezenter. Akustisch hingegen ist *schlecken* weniger dezent, denn es lässt ein genüssliches Schmatzen und Schlürfen anklingen.

Ähnlich verhält es sich mit *schlotzen*, das es nur im Schwäbischen gibt und das *lutschen* bedeutet. Auch dieses Wort beginnt mit der Buchstabenkombination *schl-*, die prädestiniert zu sein scheint, den Kontakt von Speisen und Getränken mit den *Schl*(!)eimhäuten des Mundes und des Rachens ins rechte Klangbild zu setzen. Insofern ist auch *schlotzen* sinnenhafter und feuchter als *lutschen*, und der *Schlotzer* süßer, klebriger und speicheltriefender als der *Lutscher*.

Was aber tut das Kind mit dem *Schlotzer*? Fischers Schwäbisches Wörterbuch bezeichnet diese Tätigkeit mit dem heute wohl nicht mehr so häufigen Verb *nullen*: »Das Kind *nullet* am Schlotzer.« Auch *nullen* ist lautmalend, beschreibt allerdings einen anderen, behutsameren Umgang mit dem *Schlotzer*: ein sanftes Saugen, wohl eher der Langeweile als der Gier nach Nahrungs- und Genussmitteln entsprungen.

Während der *Schlotzer* das Objekt des *Schlotzens* ist, also der, der *geschlotzt* wird, ist der *Schlecker* das Subjekt des *Schleckens*, nämlich der, der *schleckt*. Allerdings ist *schlecken* hier im Sinne von »naschen« gemeint. Hierher gehören auch die *Schleckgosch* oder das *Schleckmaul* – hochdeutsch: Leckermaul.

Wichtiger aber ist das unvergleichliche schwäbische Adjektiv *schleckig*, das im Schriftdeutschen keine direkte Entsprechung kennt. Es bezeichnet eine Eigenschaft, die von den Schwaben schon im Weichbild der Todsünde angesiedelt wird. Kaum eine größere Angst plagt Gasteltern vor einem Schüleraustausch, als dass der Austauschschüler oder die Austauschschülerin *schleckig* oder *schlecket* sein könnte, die sauren Linsen verschmäht und täglich mit McDonald's gefüttert werden muss.

Das Leben ist halt kein *Schleckhafen*, und oft bleibt nur die Flucht zum schwäbischen Gruß – ob der nun echt schwäbisch ist oder nicht.

Zerfen zerrt an den Nerven

Zerfen *kann nerven, wie jeder bestätigen wird, der diesen Sinnspruch versteht. Das dürften jedoch nur Süddeutsche sein, denn im Norden ist das Wort unbekannt.*

»Höret endlich mit dem *Gezerfe* auf!« Das Auto steckt im Stau, die Sonne brennt aufs Dach, das Ziefer sitzt auf dem Rücksitz und *zerft*. Diesmal ist der Grund des *Gezerfe*s die Kassette, welche die Mutter in den Rekorder schieben soll. Die Kinder können sich auf keine einigen und rechnen sich gegenseitig vor, wessen Wünsche seit Beginn der Reise oder seit der Geburt öfter berücksichtigt worden seien.

Zerfen: Das ist wieder eines jener Wörter, die nicht im Duden stehen, da die Schriftsprache sie nicht kennt. *Zerfende* Kinder können, wie obiges Beispiel zeigt, ebenso nerven wie quengelnde. Doch *zerfen* ist etwas anderes als quengeln. Fischers Schwäbisches Wörterbuch setzt es gleich mit »streiten, zanken, Wortwechsel führen«, wobei die letztgenannte Bedeutung die entscheidende ist: *Zerfen* geschieht im Dialog, im Wortwechsel mit anderen, während »quengeln« die Kriterien des Monologs erfüllt.

Zerfen ist also eine Auseinandersetzung von mindestens zwei Beteiligten, die zwar verbissen, eventuell erbittert, aber nicht gewalttätig ist, die – im Gegenteil – sogar unter Freunden aus Spaß an der Freud geführt werden kann. Falls das *Gezerfe* doch eskaliert, spricht man von »Händeln«, die handgreiflich sein können, aber nicht müssen.

Gezerft wird um eher Unwichtiges, um Kleinigkeiten, weswegen das Verb *zerfen* auch gerne verkleinert wird zu *zerflen*. *Zerf(l)en* ist eine beliebte Form der Auseinandersetzung unter

Kindern. Daher gilt es als kindisch, wenn Erwachsene *zerfen*, was aber dennoch vorkommt. Das veranschaulicht Loriots berühmte Szene mit der *Zerferei* um das Zitronencreme-Bällchen auf dem Kosakenzipfel, die dann allerdings doch in Händel ausartet.

Woher kommt dieses Wort? Fischer zieht ein vergessenes Hauptwort *zerf* in Erwägung, das mit dem Köcher und den dazugehörigen Riemen zu tun hatte. Schmeller denkt in seinem Bayerischen Wörterbuch eher an das althochdeutsche *zerben*, das »drehen« bedeutete und in der *Zirbel*kiefer fortlebt.

Ferner deutet Fischer, allerdings mit Fragezeichen, eine mögliche Verbindung zu *zerren* an. Tatsächlich ist ein *Gezerfe* im Grunde ein *Gezerre*, wenn auch kein körperliches, sondern ein geistiges. Verfolgen wir dieses Verb zurück zu seiner indogermanischen Wurzel *der-*, wird es jedoch recht ungemütlich: sie stand für »schinden, spalten, reißen«, und das altgriechische *dero* bedeutete »die Haut abziehen«.

Eine Pädagogenweisheit des Griechen Menander, mit der Goethe seine Autobiographie einleitete, lautet »Ho mä dareis anthropos u paideuetai«: Der nicht geschundene Mensch wird nicht erzogen. Dieser Erkenntnis folgend, zogen früher die Lehrer *zerfenden* Knaben zwar nicht gleich die Haut ab, aber wenigstens die Hosen stramm.

Verzwaazle und verzwuuzle

Wenn andere Menschen beinahe verzweifeln, wollen die Schwaben schier verzwuuzle. *Und wo andere einen schmoren lassen, da lassen ihn die Schwaben* zwaazle.

Zu den beliebtesten Methoden, die eigene Bedeutung – und sei sie noch so belanglos – oder sein bisschen Macht zu unterstreichen, gehört das Wartenlassen. Ist diese Wichtigkeits-Attitüde im Normalfall durchsichtig, zeitraubend und daher doppelt ärgerlich, so grenzt sie an Sadismus, wenn der oder die Wartende ein ganz dringendes, unaufschiebbares Anliegen hat. »Den lasse mr *zwaazle*«, freut sich dann der- oder diejenige, welche(r) in diesem Fall am längeren Hebel und meist hinter einem Schreibtisch sitzt, während das Opfer im Vorzimmer schier *verzwaazelt*.

Verzwaazelt – nicht: verzweifelt! Würde es verzweifeln, bestünde Gefahr, dass es sich nach drei Stunden aus dem Fenster stürzt. Diese Gefahr ist weder bei *Zwaazelnden* noch bei *Verzwaazelnden* gegeben. Allerdings sind ihre abgekauten Fingernägel dann reif für die Maniküre und zum Entknoten der *verzwaazelten* Seele bedarf es guter Freunde oder viel guten Alkohols.

Was ist *(ver)zwaazle*? Nicht einmal Kluges Etymologisches Wörterbuch kann erklären, wo das Etymon, das dort *zwatzeln* heißt, seinen Ursprung hat. »Unruhig sein«, lautet Kluges Übersetzung, aber das wird diesem Verbum in keiner Weise gerecht. Fischers Schwäbisches Wörterbuch kommt der Sache näher, wenn er das Wort, das er *zwatzlen* schreibt, deutet: »mit den Füßen zappeln, so zappelnd sich wehren, um sich frei zu machen; sich zappelnd (durch schnelles Gehen) abmühen«. Das dazugehörige Adjektiv *zwatzelig* gibt er wieder mit »zappelnd vor Ungeduld; äußerst unruhig, ungeduldig«.

Im 1844 in Buchau gedruckten Oberschwäbischen Wörterbuch der Bauernsprache des Dionys Kuen, der sich darin auswies als »Buchdrucker und der schönen Künste Beflissener«, ist *zwaazla* erklärt als »bewegen, sich krümmen«. Kuen schrieb das Wort, wie man es im Osten und Südosten Schwabens ausspricht: mit einem langen *aa*. Neben *verzwaazla* (»vergehen, aufhören zu leben«) nennt er *verzwuuzla* (»vergehen«).

Tatsächlich entspricht dem Schriftdeutschen »Ich bin vor Angst fast vergangen« das (Ober-) Schwäbische *verzwaazelt* oder *verzwuuzelt*. Dieser Sprech- und Schreibweise sei hier der Vorzug gegeben, da sie – vor allem *verzwuuzle*! – die Qual des Wartens noch deutlicher zum Ausdruck bringt als die Form *zwatzle* mit ihrem kurzen Vokal.

Die Erklärung »aufhören zu leben« ruft in Zusammenhang mit den von Fischer genannten Bedeutungen fußzappelnder Befreiungsversuche unwillkürlich das Bild des Armesünders hervor, der am Galgen zappelt. Während dieser tatsächlich *verzwaazelt*, falls nicht zufällig in letzter Sekunde Robin Hood oder Django auftaucht, *verzwaazelt* man im allgemeinen Sprachgebrauch immer nur »schier«, wodurch das Überleben gesichert ist.

Halt halt oder heb halt?

Sagt ein Schwabe »Jetzt halt halt!«, *stottert er nicht, sondern fordert jemanden auf, endlich anzuhalten. Anders lautet der Befehl, etwas festzuhalten: »Jetzt* heb halt!«

Zwischen dem Schwäbischen und dem Schriftdeutschen gibt es immer wieder Bedeutungsverschiebungen. Dem Schriftdeutschen *heben* entspricht das schwäbische *lupfen*, während das schwäbische *heben* auf Schriftdeutsch *halten* heißt. Das schwäbische Verb *halten* wird neudeutsch zu *stoppen*. Die dringende Bitte, anzuhalten, lautet daher: »Jetzt *halt halt*«, und die ungeduldige Aufforderung, etwas festzuhalten: »Jetzt *heb halt!*«

Entsprechend verhält es sich mit den Komposita: Hat sich ein Fliegengewicht an einem Fass Bier *verhoben*, hat es sich auf schwäbisch *verlupft*. Das schwäbische *verheben* jedoch meint »zurückhalten«. Die beliebte Wendung »Komm, *verheb's!*« kann zur Zügelung sowohl eines körperlichen Bedürfnisses als auch des Mundwerks auffordern. Die Gabe einer Schwertgosch bleibt umso länger erhalten, je besser deren Inhaber(in) situativ zu entscheiden vermag, wann man »es« besser *verhebt*.

Kann einer einen anderen Drang, etwa den, sich fortzupflanzen, nicht *verheben*, muss er das Ergebnis später *verhalten* und sich zudem von allen, die es schon immer besser wussten, vorhalten lassen: »Hättsch's *halt verhobe.*« Das Beispiel zeigt, dass man das schwäbische *heben* nicht immer mit *halten* übersetzen kann, denn *verheben* und *verhalten* sind zwei Paar Stiefel.

Das trifft auch für das ganz wichtige schwäbische Verbum *aufheben* zu, das mit *aufhalten* überhaupt nichts zu tun hat, sondern »aufbewahren« bedeutet. Man kann *aufheben* jedoch auch ganz wörtlich verstehen: Wer kennt sie nicht, die schwäbischen Unternehmer, die in der Werkhalle jedes Schräuble *aufgehoben* haben, um es so lange *aufzuheben*, bis man es gebraucht hat.

Mit ihrem Verständnis von *heben* haben die Schwaben im Übrigen am ursprünglichen Sinn des Wortes fest*gehoben*. Denn das geht zurück auf eine indogermanische Wurzel *kap-*, und die bedeutet »fassen, ergreifen«. Daher stammt auch das gleichbedeutende lateinische Verb *capere*, dem wir unser »kapieren« verdanken.

Der ursprüngliche Wortsinn von *halten* war hingegen »hüten, schützen, bewahren«; in der Vieh*halt*ung hat er sich bis heute gehalten. Später entwickelten sich Bedeutungsvarianten wie fest- und stillhalten, aber auch ein geistiges Begreifen.

Die schwäbische Partikel *halt*, die dem schriftdeutschen »freilich, eben« entspricht, hat jedoch mit dem Verb *halten* höchstwahrscheinlich nichts zu tun. Schon im Mittelhochdeutschen gab es dieses *halt* im Sinne von »vielmehr«. Vermutlich geht es auf ein germanisches *haldiz* (mehr, eher) zurück.

Wo auch immer dieses *halt* herkommen mag: Es eignet sich vortrefflich, um Ungeduld und Resignation festzustellen – oder Unumstößlichkeiten wie die, dass das, egal warum, im Schwäbischen *halt* so ist.

Flacken und stracken

Wenn ein Schwabe nââschtrackt *oder* -flackt, *liegt er in beiden Fällen tatenlos herum. Dennoch und trotz ähnlichen Klangs sind* flacken *und* stracken *nicht dasselbe.*

Was die beiden Verben *flacken* und *stracken* verbindet, ist ihr Negativ-Image. Sie gelten als äußerst grob, ja geradezu als unfein und werden fast mit derselben Missbilligung gestraft wie Tabu-Wörter. Liegt es daran, dass sie einen Ruhezustand beschreiben, der nach schwäbischem Selbstverständnis den Schwaben fremd sein müsste?

Daran kann es nicht liegen, da es andere spezifisch schwäbische Verben gibt, welche Phasen physischer Regeneration vorwurfsfrei beschreiben, etwa *gruebe* (ausruhen). *Flacken* und *stracken* aber klingen offensiv, ja geradezu herausfordernd. Wer *flackt* oder *strackt*, gibt zu verstehen, dass er bis auf weiteres zu keinerlei Aktivität mehr bereit ist.

Da aber enden die Gemeinsamkeiten von *flacken* und *stracken*. Unterscheidet man diese beiden Untätigkeitswörter nach ihrer Akzeptanz, so ist *stracken* eine Spur gesellschaftsfähiger als *flacken*. Denn es gestattet auch, an eine verdiente Ruhepause nach vollbrachter Arbeit zu denken. Zudem bewahrt, wer *nââschtrackt*, insofern Haltung, als er, bildlich gesprochen, alle Viere von sich streckt.

Tatsächlich sind *stracken* und *strecken* urverwandt. Den feinen Unterschied zwischen *stracken* und *strecken* finden wir in Lexers Mittelhochdeutschem Wörterbuch. Dort ist *strecken* übersetzt mit »*strac* machen« und *stracken* mit »*strac* sein«. *strac* bedeutet »gerade, steif, ausgestreckt«. Im Übrigen gab es *stracchan* bereits im Althochdeutschen. Das heißt, das Schwäbische hat hier einmal mehr ein uraltes Wort vor dem Aussterben bewahrt und seine Bedeutung insofern erweitert, als auch Gegenstände *stracken* beziehungsweise *herumstracken* können.

Während also *stracken* – schwäbisch gesprochen: *schtracke* – und das Kompositum *nââschtracke* im Grunde ein Liegen beziehungsweise Sich-Hinlegen in gestreckter Haltung bezeichnen, bedeutet *flacken* das Gegenteil. *Flacken* tut man konturenlos, amöboid, träge. Wer irgendwo *rumflackt*, lebt seine Faulheit ostentativ bis provokativ aus. Auch Dinge können *herumflacken*, womit ein ungeordneter Zustand beschrieben ist.

Das Wort *flacken* stammt wohl von einem Adjektiv *flack* (lau, matt). So übersetzt Lexer das mittelhochdeutsche *flacken* mit »*flac* sein«. Grimm nennt als eine der Bedeutungen von *flacken* »faul herumliegen« und fügt hinzu, dies sei »gut oberdeutsch«. Er überlegt, ob dahinter vielleicht die lateinischen Verben *flaccere* (welk sein, keinen Mut haben) oder *flaccescere* (ermatten) stecken könnten. *Flacken* hat somit im Gegensatz zu *stracken* einen eher kraftlosen Kern.

Stracken und *flacken* zeigen mithin beide eine phänomenale Eigenschaft: Als typisch schwäbische Verben beschreiben sie Verhaltensweisen, die den Schwaben völlig fremd sind – zumindest solange sie sich beobachtet fühlen.

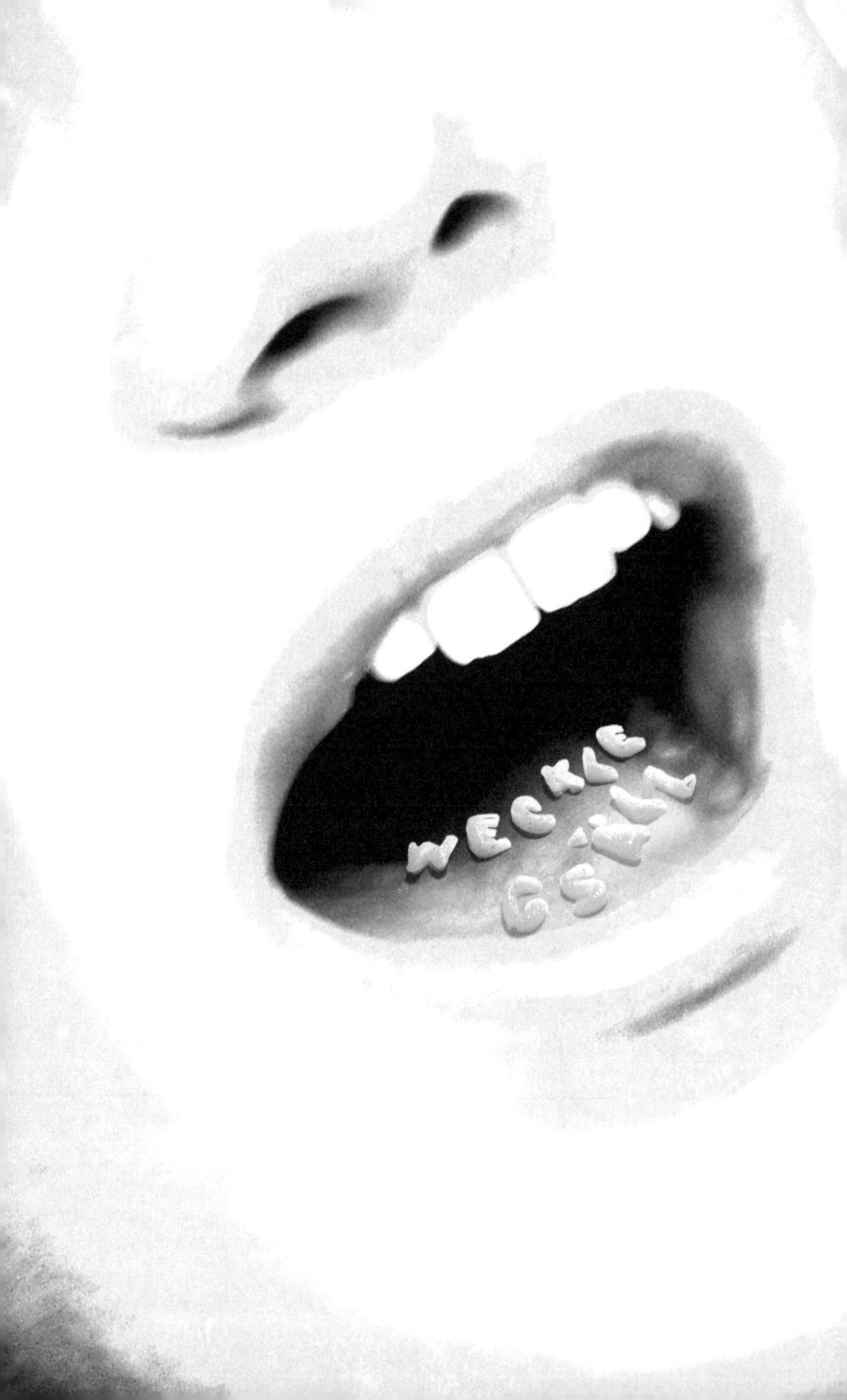

Was der Schwabe isst und trinkt

Die Mundartforschung darf sich nicht damit begnügen, den Menschen aufs Maul zu schauen; manchmal muss sie nachsehen, was drin ist.

Semmeln, Wecken und einwecken

»Brötchen!« Welch armseliger Ausdruck für ein eigenständiges Gebäck, das keineswegs nur ein klein geratenes Brot ist. Die Schwaben nennen es Wecken *oder* Semmel.

Wollte man »Brötchen« ins Schwäbische übersetzen, müsste man *Brötle* sagen. Tatsächlich gibt es Brötle auch im Schwäbischen, doch damit ist das süße Kleingebäck gemeint, das an Weihnachten Kalorienbewusste zur Verzweiflung treibt. Man nennt es auch *Gutsle*.

Das, was im Schriftdeutschen als »Brötchen« gilt, hat hierzulande die alten und früher über ganz Deutschland verbreiteten Bezeichnungen *Wecken* oder *Semmel* beibehalten. Den *Wecken* darf man auch zum *Weckle* verkleinern, doch die *Semmel* zum *Semmele* zu verniedlichen, ist unüblich, auch wenn der Bäcker – schwäbisch: *Beck* – noch so kleine Brötchen bäckt.

Dennoch hat es das Wort *semele* schon einmal gegeben: im Mittelhochdeutschen. Althochdeutsch hieß es *semala* beziehungsweise *simila*. Letzteres ist eine direkte Entlehnung aus dem Lateinischen, wo *simila* das feine Weizenmehl bezeichnete. Der Begriff ging allmählich über auf das Gebäck, wobei es in erster Linie um dessen Inhaltsstoff, den Weizen, ging und nicht, wie heute, um seine Größe. So ist, der Ur-Bedeutung des Wortes *Semmel* nach, die *Roggensemmel* ein Unding, während *Roggenwecken* oder in Gottes Namen *Roggenbrötchen* möglich sind.

Mit der *Semmel* verwandt – zumindest sprachlich – sind jene Spaghetti, deren Rohmaterial auf der Packung ausgewiesen ist als »*semola* di grano duro« (Hartweizengrieß). Das italienische *semola* (Grieß) geht ebenso wie das gleichbedeutende französische *semoule*, das schon erwähnte lateinische *simila*, das altgriechische *semídalis* und das arabische *samit* zurück auf *semida*, das syrische Wort für Weizenmehl, beziehungsweise das assyrische *samidu*.

Die *Semmel* hat sich auch in Bayern gut gehalten, wo sie gerne zum *Semmelknödel* verarbeitet wird. (Zurecht hat der bayerische Denker Karl Valentin gefordert, dass die Zahl sowohl der verarbeiteten *Semmeln* als auch der daraus resultierenden Knödeln in der Begriffsbildung zu berücksichtigen sei, also: 1 Semmel → 1 Knödel = Semmelknödel; 2 Semmel*n* → 1 Knödel = Semmel*n*knödel usw.)

Der *Wecken* oder *Weck* hingegen hat eine monokulturelle Vergangenheit. Im Althochdeutschen hieß er *weggi*. Das bezeichnete zunächst einen Keil und, daraus folgend, wohl ein keilförmiges Gebäck.

Die schwäbische Tugend des Ein*weck*ens könnte übrigens auch etwas mit dem *Wecken* zu tun haben, allerdings nur sehr indirekt: Das noch ziemlich junge Zeitwort »ein*weck*en« geht zurück auf das dafür notwendige Ein*weck*glas (nicht zu verwechseln mit Einwegglas), das nach seinem Erfinder Johann *Weck* benannt ist. Dessen Familienname kann darauf deuten, dass einer seiner Vorfahren *Wecken* fabriziert hat. Hätte er *Semmeln* gebacken, müsste die schwäbische Hausfrau heute wohl ein*semmeln*.

Das Gsälz und die Salsa

Ob sie zum Frühstück Gsälz *haben wolle, so wurde eine Dame aus Dortmund von ihrer schwäbischen Gastgeberin gefragt. Nein, sagte sie, ihr sei etwas Süßes lieber.*

Das schwäbische *Gsälz* sorgt immer wieder für Missverständnisse. Leute, die des Bayerischen kundig sind, halten es oft für »Gselchts«, ein »geselchtes«, also eingepökeltes oder geräuchertes Fleisch. Dem liegt das Verb »selchen« zu Grunde, das man nur im Südosten des deutschsprachigen Raumes kennt und dessen Herkunft unklar ist. Manche sehen eine Verwandtschaft zur »Sülze«. Das ist zwar nicht falsch, aber um eine Verbindung von der Sülze, die von althochdeutsch »sulta« (Salzwasser) abstammt, zum *Gsälz* herzustellen, muss man in der Wortgeschichte weit zurückgehen.

Ob die Dame aus Dortmund an das Gselchte oder die Sülze dachte, als sie das *Gsälz* ablehnte, muss offen bleiben. Oder witterte sie einen Zusammenhang mit *Salz*? Damit hätte sie vollkommen richtig gelegen. Denn das *Gsälz*, der schwäbische Inbegriff des Süßen, ist tatsächlich vom *Salz* abzuleiten.

Zwar gibt es das Wort *Gsälz* nur im Schwäbischen, aber es könnte ebenso gut der Schriftsprache angehören und hieße dann *Gesälz* oder *Gesälze*. Denn die erste Silbe ist das »Kollektivpräfix« *Ge-*, dessen *-e-* die Schwaben schlucken: *G*schäft, *G*schroi, *G*lomp (*Ge*lumpe). Lässt man es weg, bleibt *Sälz*.

Dieses Wort hat es tatsächlich gegeben, als Mehrzahl von *Salz*. Es wurde auch *Seltz* geschrieben, und im Wörterbuch der Brüder Grimm findet sich ein Hinweis, der die Verbindung vom *Salz* zum *Gsälz* herstellt: »Die ältere Heilkunde nennt auch die aus Pflanzensäften durch Sieden gewonnenen trockenen Rückstände und

Pulver *Salze.*« Das heißt, diese *Salze* oder *Sälz(e)* waren das Produkt eines Einkochens von Pflanzen oder Früchten.

Das bestätigt Schmellers bayerisches Wörterbuch: »Die *Salzen, Selzen,* Saft von verschiedenen Früchten, zur Dicke eines Syrups eingesotten.« Er nennt als Beispiele »Hagebutzen-*Selz*«, »Himber-*Salzen*« oder »Zwetschgen-*Salzen*«. So nannten die Bayern den eingekochten Fruchtbrei. Die Schwaben hingegen gaben der Kollektivform »das *G(e)sälz(e)*« den Vorzug vor der Mehrzahl »die *Salzen*«, so, wie man anstatt »die Schreie« auch »das Geschrei« sagen kann.

Die *Sal(t)ze* durfte in der spätmittelalterlichen Küche nicht fehlen. Das Wort kommt von lateinisch *salsa*, das auf *sal* (Salz) zurückgeht und eine ge*sal*zene Brühe bezeichnet. Da das lateinische *-al-* im Französischen zu *-au-* wurde, geriet die *salsa* zur *sauce*, die im Deutschen zur *Soße* eingedickt wurde.

Die Spanier hingegen behielten die *salsa* bei, exportierten sie nach Mittel- und Südamerika, wo sie scharf gewürzt eine *salsa picante* abgab – ein Begriff, der wiederum in die Musik übertragen wurde. Und damit wäre auch gleich die *Salsa* hinreichend erklärt, die seit einigen Jahren selbst in schwäbischen Landdiscos für Furore sorgt.

Die Krise der Griese

Sie ist in die Krise geraten, die Kriese *oder* Griese. *Zwar findet man sie noch in den Schwäbisch-Lexika, aber immer weniger Schwaben nehmen sie in den Mund.*

Die *Kriese* oder *Griese* ist die schwäbisch-alemannische Form der *Kirsche*. Sie sei hier mit *G-* geschrieben *(Griese)*, um Irrtümer zu vermeiden. Denn infolge der Bildungskrise wissen viele nicht mehr, wie man »Krise« schreibt. Das beweist ein Klick ins Internet, wo es von Wirtschafts-, Finanz-, Öko- und Lebenskr*ie*sen wimmelt. Selbst die »Bildungskr*ie*se« ist ihrem Zustand orthografisch angepasst.

Zwar ist das *-i-* der Krise lang. Dennoch schreibt sie sich nur mit einfachem *-i-*, da sie vom griechischen Wort *krisis* entlehnt ist, dessen *-i-* kurz ist. *Krisis* bedeutet »Scheidung, Trennung, Entscheidung«. Die *Griese* wurzelt zwar ebenfalls im Griechischen, allerdings im Wort *kerásion* (Kirsche).

Ins Deutsche gelangt ist die *Kirsche* oder *Griese* über das lateinische *cerasium*, das ebenfalls aus dem Griechischen kommt. Die Mehrzahl hieß *cerasia*, und in dieser Form werden die römischen Marktleute ihre Ware feilgehalten und die germanischen Kunden das Wort gelernt haben: *Cerasia!* Am Oberrhein bildeten sie daraus das Wort *kresia*, woraus das mittelhochdeutsche *kriese* wurde, die sich bis heute im schwäbischen und alemannischen Sprachraum gehalten und im Südwesten zur *Chriesi* weiterentwickelt hat. Daneben gab es auch im Mittelhochdeutschen die *kirse* und *kerse*, woraus die neuhochdeutsche *Kirsche* erwuchs.

Ob *Kirsche*, *Kriese*, *Griese* oder *Chriesi*: An diesem Wort fasziniert, dass sein Lautstand Rückschlüsse darauf zulässt, wie lange es in Deutschland bereits *Kirschen* gibt. Es ist das *K*, das dies verrät: Das Wort ist ins Deutsche übernommen worden, als im Lateinischen das *c* noch durchweg wie ein *k* lautete, also *kerasia*. Damals hat man auch den Namen »Cäsar« noch wie »Kaesar« ausgesprochen, woraus sich das deutsche Wort »Kaiser« erklärt.

Im 6./7. Jahrhundert aber wandelte sich im Lateinischen die Aussprache des *c-* vor den hellen Vokalen *-e-* und *-i-*. Was zuvor wie *ke-* und *ki-* geklungen hatte, wurde nun zum *ze-* und *zi-*. Zuvor bereits war das lateinische »cellarium« in seiner ursprünglichen Aussprache »kellarium« (Keller) ins deutsche Vokabular vorgedrungen. Erst danach wurde das *c* im Lateinischen umgelautet und »cellarium« zu »zellarium«. Die »Zelle« hingegen ist erst ins Deutsche gelangt, nachdem die lateinische »cella« nicht mehr »kella«, sondern »zella« lautete.

Nachdem also die *cerasia* von den *kerasia* in die *zerasia* verwandelt waren, reiften sie weiter in Spanien zur *cereza* (sprich: seresa) und in Frankreich zur *cerise* (sprich: seris), die dann zur englischen *cherry* mutierte. In dieser Artenvielfalt droht die schwäbische *Griese* neben der *Kirsche* zu verkümmern. Resistenter scheint die alemannische *Chriesi* zu sein. Zumindest in Form des Schwarzwälder *Chriesi*wassers.

Die Dennete – a bissle Pizza

Auf schwäbischen Wochen- und Jahrmärkten wird gerne eine Art Pizza angeboten, die auf den Schildern als Dinnete *oder* Dennete *ausgewiesen ist.*

Man scheint sich im Lande uneinig zu sein, ob die schwäbische Antwort auf die italienische Pizza *Dinnete* oder *Dennete* gesprochen und geschrieben wird. Beides klingt ähnlich exotisch. Würden hinten zwei *t* stehen anstatt des einen, könnte man glatt einen französischen Ursprung vermuten. Aber das wäre zu weit gegriffen.

Im Schwäbischen Wörterbuch ist weder die *Dinnete* noch die *Dennete* zu finden, wohl aber die *Dünnet* oder einfach *Dünne*, das *Dünnets*, *Dünnte* oder *Dünnes*. Deren Schreibweise lässt die zunächst rätselhafte Herkunft ersichtlich werden: *Dünnet(e)* ist abgeleitet vom Eigenschaftswort *dünn*, welches dieses flache Gebäck aus Hefeteig, das mit Zwiebeln, Speck und Kümmel bestreut ist, zutreffend beschreibt.

Eine andere Bezeichnung für jenes flache Gebäck ist *Blatz*. Fischer schreibt es in seinem Schwäbischen Wörterbuch *Platz* und weist damit über das Schwäbische hinaus: Auch im deutschen Wörterbuch der Brüder Grimm ist es zu finden: »*Platz*, m. flacher (platter) dünner Kuchen, Fladen, Brotkuchen u. s. w.« heißt es da, »ein weitverbreitetes Wort«.

Dem Schriftdeutschen ist das Wort *Platz* im Sinne von Gebäck oder Kuchen abhanden gekommen. Geblieben sind dort nur die *Plätzchen*, die im Schwäbischen *Gutsle* oder *Brötle* heißen – wobei der Begriff *Brötle* neuerdings zum Leidwesen sprachbewusster Schwaben unter dem Einfluss des schriftdeutschen *Brötchens* das traditionelle *Weckle* verdrängt und seinen Sinn verändert.

Während die *Dünnete* von *dünn* kommt, ist die Herkunft von *Blatz/Platz* nicht so eindeutig. Mutmaßungen reichen von *placenta*, dem lateinischen Wort für einen flachen Kuchen, das wiederum vom griechischen *plakous* (Kuchen) kommt, über *platzen* und den im Schwäbischen noch existenten *Bletz* (Fleck) bis zum Adjektiv *platt*, das mit dem *Platz* im Sinne von Freiraum stammverwandt ist.

Von jenem *platt* ist übrigens auch der *Fladen* abgeleitet, der im Schwäbischen heute vor allem in seiner verkleinerten Form *Flädle* in aller Munde ist. *Flädle* sind Pfannkuchen, die in Streifen geschnitten die *Flädles*suppe ausmachen.

Der Vollständigkeit halber sei noch die *Berte* erwähnt, wie der *Platz* oder die *Dünnete* mancherorts genannt wird. Allerdings ist die Herkunft dieses Wortes ungeklärt.

Doch zurück zur *Dennete/Dinnete/Dünnet(e)*: Da nicht jeder mit diesem Begriff etwas anzufangen weiß, wird sie stets definiert als »schwäbische Pizza«. Woher aber kommt das Wort *Pizza*? Vor tausend Jahren wurde es erstmals aktenkundig. Der Oxford-Professor Martin Maiden führt es auf die Langobarden zurück, germanische Langbärte, die sich in Italien angesiedelt haben und eine Vokabel mitbrachten, die dem althochdeutschen *bizzo* oder *pizzo* entsprach. Das kam von *beißen*, bedeutete »das, was man abge*bissen* hat« – also eine Goschvoll – und dem entspricht zu hundert Prozent das schwäbische *Bissle*.

Krebser und Simsenkrebsler

Unter den schwäbischen Weinen ist der Simsenkrebsler *eine besonders charaktervolle Rebsorte. Doch trotz seines Namens steht er nicht im Verdacht, Krebs zu erregen.*

Die bekannten Risiken und Nebenwirkungen des *Simsenkrebslers* bestehen in verminderter Leistungsfähigkeit am Folgetag, verursacht durch Kopfschmerzen und ernst zu nehmende Anzeichen dafür, dass das stark säurehaltige Getränk über Nacht die Magenwände verätzt oder durchlöchert hat.

Die Frage, ob dieser Wein aus ökologischem Anbau stammt, spielt dabei eine untergeordnete Rolle. Vermutlich bedarf er ohnehin keiner Herbi- und Pestizide, da er nicht auf den Weinbergen wächst, sondern innerhalb geschlossener Ortschaften, wo die Autoabgase den Einsatz von Schädlingsbekämpfungsmitteln überflüssig machen.

Von dieser Herkunft kündet der Name *Simsenkrebsler*. Er vereint in sich die Begriffe (Fenster-)Sims und *krebseln* beziehungsweise, mit schwäbischer Infinitivendung, *krebsle*. Das bedeutet »klettern«. Die Sortenbezeichnung *Simsenkrebsler* besagt, dass es sich um die vergorenen Früchte eines Weinstocks handelt, dessen Reben an der Hausfassade von Sims zu Sims emporranken.

Mitunter wird der Name auch so gedeutet, dass, wer einen solchen Wein genossen hat, die Wände hochgeht gleich einem Fassadenkletterer, den man übrigens ebenso als *Simsenkrebsler* bezeichnen könnte.

Betrachten wir an dieser Stelle das schwäbische Verbum *krebsle*. Äußerlich unterscheidet es sich von dem auch im Schriftdeutschen geläufigen *krebsen* nur durch ein *-l-*, doch zwischen beiden liegt eine Dimension: Wer *krebselt*, will nach oben, und wer *krebst*, kämpft gegen den Abstieg.

Das mag erklären, warum schwäbische Alpinisten bei ihren auswärtigen Gesinnungsgenossen gelegentlich auf Unverständnis stoßen, wenn sie ankündigen, sie wollten auf diesen oder jenen Felsen *naufkrebsle*. Selbst der Versuch, das Wort den schriftdeutschen Strukturen anzupassen, wird kaum fruchten, da sich unter *hinaufkrebseln* jenseits der Mainlinie kaum jemand etwas vorstellen kann.

Das Verb *krebsen* hat mit dem Verschwinden der Flusskrebse seine ursprüngliche Bedeutung von »Krebse fangen« verloren. Doch im anderen Sinne eines krebsartigen Sich-Rückwärts-Bewegens ist es vor allem in Krisenzeiten noch durchaus gang und gäbe. Da *krebst* alles, von der New Economy bis zu den Vereinen der Bundesliga.

Gleichzeitig warten alle darauf, dass die Kurse wieder *krebseln*, wie schwäbische Börsianer dies ausdrücken dürfen. *Krebseln* ist also im Gegensatz zum defensiven *krebsen* aktiv. Das verdankt es der Erweiterung um das *-l-*, die eine Wiederholung ausdrückt und dem Wort so zusätzliche Dynamik verleiht.

Diese überträgt sich auf geheimnisvolle Weise auch auf den *Simsenkrebsler*, der die Verdauung mitunter derart dynamisiert, dass man hinterher kaum noch *krebsen* kann.

Älles g'veschpert

Eine spezifisch schwäbische Art der Nahrungsaufnahme ist das Vespern. *Man verspeist dabei ein* Vesper, *das meist kalt ist und oft aus einem* Vesperbrot *besteht.*

»Zwischenmahlzeit«, so wird das schwäbische Wort *Vesper* gerne übersetzt. Das mochte noch für die Zeiten zutreffen, als die Leute harte körperliche Arbeit leisteten und ohne Angst vor Übergewicht fünf Mahlzeiten pro Tag vertilgten. Von denen wurden zwei als *Vesper* bezeichnet, nämlich der vor- und der nachmittägliche kalte Imbiss zwischendurch.

Mittlerweile hat sich das *Vesper* zu einer vollwertigen Mahlzeit emanzipiert, wie die *Vesperkarten* gutbürgerlicher schwäbischer Wirtschaften beweisen. Die enthalten neben Hausmacherwurst und Käse, die gerne auf dem *Vesperbrettle* serviert werden, auch warme Elemente wie Saitenwürstle oder den reig'schmeckten »strammen Max«.

Als 1995 in Stuttgart eine Initiative erstmals eine gemeinsame Mahlzeit für Bedürftige und Nicht-Bedürftige organisierte, nannte sie diese Einrichtung *Vesperkirche*, weil es dort was zum *Vespern* gab – auch wenn es sich dabei längst um komplette warme Mahlzeiten handelt.

Damit hat das *Vesper* wieder zur Kirche gefunden, von der es ausgegangen ist, allerdings nicht als *das*, sondern als *die* Vesper. Das ist ein Abendgebet, dessen Name vom lateinischen Wort *vesper(a)* kommt, was »Abend« bedeutet. Es entspricht dem griechischen *hespera*, das im Neugriechischen zu *hispera* wurde. Wenn man also zum *Vespern* in ein griechisches Lokal geht, wird man dort außer mit einem Ouzo gerne mit den Worten »Kal'*hispera*« – »Schönen Abend« – begrüßt.

Die *Vesper* der katholischen Kirche ist die vorletzte der sieben täglichen Gebetszeiten. Sie fiel auf die sechste Stunde nach Mittag (18 Uhr) und folgte der *None* (15 Uhr), der die Engländer den after*noon* (Nach-None, Nachmittag) verdanken. Die *Vesper* beendete den Arbeitstag. Sie wurde eingeläutet durch das *Vesperläuten* der *Vesperglocke*.

Schließlich geriet die *Vesper* wieder zu einem ganz weltlichen Zeitbegriff, nach welchem das *Vesperbrot* benannt wurde. Das war »eine trockene Speise, welche man den Arbeitern nachmittags gibt«. So jedenfalls definierte es Adelung in seinem 1811 erschienenen Wörterbuch: »Daher heißt *vespern* im gemeinen Leben einiger Gegenden das Nachmittagsbrot essen.«

Es blieb nicht beim Nachmittag, wie das heutige *Vesperbrot* beweist, das die Mütter den Kindern für den Schulbesuch schmieren. »Wo die Erinnerung an die katholische *vesper* ganz geschwunden ist, kann der Name auch auf das Frühstück übertragen werden«, vermerkt Grimms Wörterbuch. So konnte man schließlich den ganzen Tag über *vespern,* wobei der Begriff sich vorzugsweise im Schwäbischen gehalten und mittlerweile weiterentwickelt hat vom Konkreten zum Abstrakten: Ist ein Vorgang erledigt, egal ob positiv oder negativ, dann ist »älles *g'veschpert*« Ganz kalorienfrei.

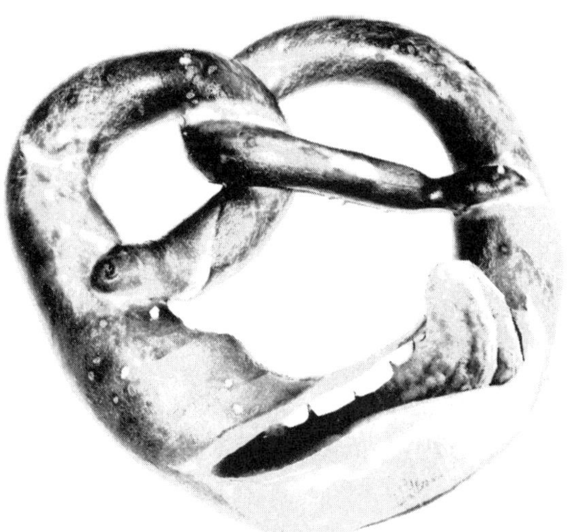

Sach und Sachen

Selbst wenn es einem Schwaben am Sach fehlen sollte:
Zu den Sachen, die er in jedem Fall besitzt, gehören Kehrwisch und Kutterschaufel.

Die Sach mit dem Sach

Im Schwäbischen gibt es zweierlei Sach: die *(weibliche) Sach und* das *(sächliche) Sach. Im Zweifelsfall wiegt das sächliche aus sachlichen Gründen schwerer.*

Wenn im Schwabenland einer »seî *Sach* schafft«, dann »isch des halt a Sach. Wenn einer hingegen »seî Sach *net* schafft«, dann »isch des *koî Sach net*«. Vertut er seî *Sach*, womöglich »em Ôôverschtand«, dann ist das zunächst einmal »*seî* Sach« – zumindest so lange, bis er beim Sozialamt vorstellig wird und schaut, dass er dort zu seinem *Sach* kommt. Spätestens dann aber trifft ihn die volle Missbilligung der Steuern zahlenden Umwelt, die ihre Empörung in ein indigniertes: »Also des isch doch koî *Sach*!« fasst.

Die Beispiele zeigen, dass es im Schwäbischen mit der Sache so eine Sache ist. Mal tritt uns *die* Sach als Femininum entgegen, wie wir sie aus dem Schriftdeutschen kennen. Daran ändert auch das weggefallene Schluss-e nichts. Dann wieder begegnet uns *das* Sach als Neutrum, als das es der Hochsprache unbekannt ist.

Wann ist *Sach* weiblich, wann neutral? »Des isch *deî* Sach.« In dieser Feststellung, die so viel bedeutet wie »Lass mich damit in Ruhe« und die im Übrigen deckungsgleich ist mit der schriftdeutschen Version »Das ist *deine* Sache«, ist *Sach* Femininum; ebenso in der vorsichtigen Warnung »Des isch fei so a *Sach*« sowie in der Ablehnung »Des isch doch koî *Sach*!« Ganz unzweifelhaft weiblich ist es in dem alle vier Wochen fälligen Hinweis »Dui håt grad ihr *Sach*.«

Eindeutig sächlich ist *das Sach* in dem Sinn, der den Schwaben am meisten entgegenkommt: in der Bedeutung von Besitz. »Der/dui håt a ordentlichs *Sach* beinander« gilt vermutlich auch heute noch als überzeugendes Argument für eine Eheanbahnung, wobei *Sach* nicht auf die physischen, sondern auf die materiellen Vorzüge des/der so Beschriebenen zielt.

Das Sach ist somit eine abstrakte Umschreibung konkreter weltlicher Güter. Sie ist dezenter und diskreter als das Aufzählen der Besitztümer in Euro, Aktienpaketen, Immobilien und Hektar. *Das Sach* wirkt sachlich. Gelegentlich kommt es jedoch vor, dass der Schwabe seine zärtlichen Gefühle, die er trotz aller vordergründiger Distanz gegenüber *dem Sach* hegt, nicht zügeln kann. Dann spricht er vom *Sächle* oder, noch leidenschaftlicher, von einem *schöne Sächle*.

Warum ist diese Art von *Sach* Neutrum? Es ist eine Sammelbezeichnung, die, wie alle derartigen Kollektiva, nur in der Einzahl auftritt. Dass es dennoch den Plural *die Sachen* gibt, braucht uns dabei nicht zu irritieren, denn er stammt von der Einzahl *die Sach*. Kollektiva werden gerne mit der Vorsilbe *Ge-* und dem Artikel *das* gebildet: *das Ge*lände, *das Ge*birge, *das Ge*wässer, *das Ge*wölk. Demzufolge wäre der Sammelbegriff für *die Sachen* streng genommen *das Gesach*. Aber das *Ge-* haben sich die Schwaben gespart, da es weder an *der Sach* noch an *dem Sach* etwas ändern würde.

Nach der Guck geguckt

Wenn der Schwabe an der Ladenkasse steht, guckt *er, dass er für seinen Kauf eine* Guck *oder vielleicht sogar eine Plastik*guck *bekommt, und zwar möglichst umsonst.*

Die *Tüte* ist den Schwaben fremd. Hier wird auch nichts und niemand *eingetütet*. Vielmehr steckt man sein Sach in eine *Guck*, wobei es bis dato nicht üblich ist, diesen Vorgang analog zu *eintüten* als *eingucken* zu bezeichnen. Zwar kann man in die Tüte *neîgucke*, um sich zu vergewissern, dass die Verkäuferin auch wirklich alles eingepackt hat. Aber dieses *Gucken* hat mit der *Guck* nicht das Geringste zu tun, und im Übrigen ist die Herkunft des Verbs *gucken* unklar.

Seit einigen Jahren vermehren sich im expandierenden schwäbisch-alemannischen Fastnachtsuniversum die *Guggen*musiken in ohrenbetäubendem Maße. Die zaubern ihre Geräusche jedoch nicht aus Papier- oder Plastik*gucken*, sondern aus Blechblasinstrumenten, die man im Niederdeutschen auch als *Tute* bezeichnet, auf der man bekanntlich *tutet* und die wiederum nicht mit der *Tute* im Sinne von *Tüte* zu verwechseln ist.

Allerdings besteht ein enger Zusammenhang zwischen der tutenden *Tute* und der (Papier-)*Tüte*. Das zumindest behauptet Kluges Etymologisches Wörterbuch. Es verweist auf das Französische, wo das Wort *cornet* (Horn) zunächst ein Blechblasinstrument und dann die Papiertüte bezeichnet. Entsprechend diesem Vorbild könnte das lautmalende Wort *Tute* oder *Tüte* auf die Papierhülle übertragen worden sein.

Damit wäre zwar die *Tüte* erklärt. Doch was ist mit der *Guck*? Dazu schweigt Kluges Etymologisches Wörterbuch der deutschen Sprache, weil die *Guck* eben schwäbisch ist. Auch Fischers

Schwäbisches Wörterbuch bietet keine präzise Herleitung. Es verweist mit Fragezeichen auf das lateinische *cucullus*, das »Kapuze«, aber auch »Tüte« heißt.

Bringt uns hier die *Guggen*musik weiter? Zunächst ist festzustellen, dass das Schweizerische Idiotikon (Wörterbuch) keine *Guggen*musik kennt, sondern nur eine *Guggete*, und die wird übersetzt als »schlechte Blasmusik«. Erklärt sich das Wort mithin so, dass diese Musik eher zum *Gucken* als zum Hören geeignet ist? Oder dass man sich, um seine Ruhe zu haben, eine *Guck* über den Kopf stülpt?

Nein. In der *Guggen*musik steckt das Verbum *guggen*. Das bedeutet »auf einem Horn blasen« und könnte, wie »tuten«, aus der Nachahmung dieses Lauts entstanden sein. Das Horn oder die Trompete wiederum heißt *Guggi*, der Papiersack hingegen *Gugge*. Damit läge eine genaue Entsprechung zur *Tute/Tüte* vor, die vom Blasinstrument zum Verpackungsbeutel wurde.

Ob das nun so ist oder nicht, ob die *Guck* von *Guggi* oder von *cucullus* abstammt: Man kann auch sie zum Tönen bringen, indem man sie aufbläst und draufhaut. Das ergibt meist einen doppelten Knall: den ersten durch das Platzen der *Guck* und den zweiten durch die Schell, die der Verursacher dafür fängt.

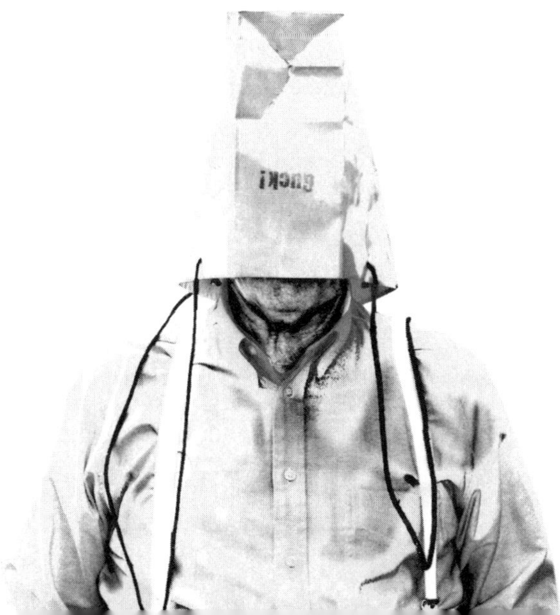

Das Häs kehrt zurück

Ein Wort, das seit etwa dem 16. Jahrhundert auf dem Rückzug war, ist zumindest im schwäbisch-alemannischen Raum wieder stark im Kommen: das Häs.

»*Häss* scheint an Gebiet einzubüßen; mancherorts ist es nur noch bei ganz alten Leuten üblich«, so schrieb Hermann Fischer 1936 in den Nachträgen zu seinem Schwäbischen Wörterbuch. Zuvor, im 1911 erschienenen 3. Band, hatte er angemerkt: »Unser Gebiet ist das Hauptgebiet des Wortes.« Es fällt auf, dass in seiner über zwei Spalten langen Abhandlung des *Häs,* das er *Häss* schreibt, nirgendwo die Fastnacht auftaucht. Demnach scheint er das heute zunehmend populäre Fasnets*häs* nicht gekannt zu haben.

Hingegen bietet der 1974 erschienene 2. Band des Badischen Wörterbuchs auch die Definition »bodenständige Fastnachtskleidung« sowie die Wendung »ins *Häs* gehen, beim Fasching mitmachen«. Angesichts des verschärften Traditionsbewusstseins der schwäbisch-alemannischen Narrenzünfte würden die Lexikographen heute sicher den Begriff »Fasching« durch »Fasnet« ersetzen, denn zum »Fasching« passt das *Häs* wie der Frack zum Freizeitpark.

Zunächst bezeichnet *Häs* laut Fischer »die gesamte Kleidung einer Person, gleichviel ob Mann, Weib oder Kind« respektive »das Ganze gegenüber den Teilen oder das nach außen sichtbare Obergewand«. Dieser gesamtheitliche Aspekt kommt zum Ausdruck in Komposita wie Sonntags*häs* oder Werkstatt*häs*. Auch die Verben *anhäsen* und *umhäsen* deuten auf die Kleidung als Ganzes, denn niemand *häst* sich nur ein Hemd oder eine Hose an, sondern alles oder nichts.

Das *Häs* gab es bereits im Mittelhochdeutschen als *haz, haez* oder *haeze*. Doch schon im 16. Jahrhundert wurde es aus dem offiziellen Sprachgebrauch verdrängt. Seit aber überall im Land Narrenzünfte schwäbisch-alemannischen Zuschnitts wie Pilze aus dem Boden schießen und die fünfte Jahreszeit unter lebhafter Anteilnahme der Medien mit dem »*Häs*-Abstauben« einleiten, hat das *Häs* an Popularität und Bekanntheit gewonnen.

Schwierigkeiten bereitet allerdings seine Herkunft. Im Althochdeutschen ist es unbekannt. Es gibt Versuche, es – quasi als Vetter der *Weste* – auf das lateinische *vestis* (Kleid) zurückzuführen. Auf diesem Weg kann man sich dann weiter bis zu den Hethitern durchschlagen. Doch nachzuweisen ist diese Verwandtschaft nicht, weshalb die einschlägigen Wörterbücher auf eine solche Ableitung verzichten.

Zwar nicht im, aber aus dem Fasnets*häs* geboren ist der *Häs*träger. Dieser noch junge Begriff bezeichnet im Gegensatz zum »Hosenträger« eine Person, um nicht zu sagen eine menschliche Subspezies. Zu bestimmten Jahreszeiten tritt sie ähnlich massiert auf, wie vor der Erfindung des DDT die *Häs*laus (pediculus *vesti*menti) und sorgt bis zur physischen Erschöpfung dafür, dass das Wort *Häs* nie wieder auf der roten Liste der bedrohten Vokabeln landet.

Heilig und profan: das Blechle

Heiligs Blechle! *Dieses geflügelte Wort wird heute gerne auf das Statussymbol Auto angewandt. Früher aber hat das Blechle einen ganz anderen Status gekennzeichnet.*

Ob den Schwaben ihr *Blechle* heiliger ist als dem Rest der Nation, hängt davon ab, was man mit diesem Begriff verbindet. Versteht man darunter das Auto, dann hätte dies im Lande des Daimler, des Porsche sowie des triumphal wieder erstandenen Maybach durchaus seine Berechtigung. Schließlich werden gerade diese Edelschlitten derart vergöttert, dass das Goldene Kalb vor Neid Grünspan ansetzen müsste.

Auch was die Mittel- und Unterklasse-Fahrzeuge betrifft, wäre zu prüfen, ob deren rituelle samstägliche Waschung in Baden-Württemberg häufiger nachzuweisen ist als in den anderen Bundesländern, und ob das Infarktrisiko beim Erblicken eines neuen Kratzers im Lack hierzulande signifikant höher ist. Es entspräche zumindest dem Bild des Schwaben, der auf sein Sach aufpasst und Schaden und Schmutz von ihm fernhält.

Nun sind Auto-Karosserien nicht die einzigen Metallgegenstände, die der Schwabe schätzt. Auch Münzen gehören dazu. Schon vor langer Zeit wurden dünne Münzen, die aus Gold- oder Silberblech geschnitten waren, als *Blech* bezeichnet, woraus sich auch das Verbum *blechen* herleitet. Insofern könnte der schwäbische Ausruf *Heiligs Blechle* sich auch auf Bargeld beziehen, das die, die es haben, anbeten und die, die es nicht haben, herbeiflehen.

Eine ganz andere Deutung dieser Redewendung weist weg von jeglichem Besitz in die andere Richtung der Einkommensskala. Früher wurden die Almosen-Empfänger gekennzeichnet mit einem blechernen Schild, das sie an ihrer Kleidung tragen mussten. Das war nicht nur die Lizenz zum Betteln, sondern gleichzeitig das Zeichen, dass sie nicht ins Wirtshaus gehen oder sich am Glücksspiel beteiligen durften, was den Empfang von Almosen ausschloss. Da es in manchen Orten die Heiligenpflege war, in deren Zuständigkeit das Bettelwesen fiel, wäre die Verbindung von jenem Bettler-Blechle zur Vokabel »heilig« durchaus gegeben.

Mit Metall überhaupt nichts zu tun hat die Deutung, die Fischers Schwäbisches Wörterbuch und auch das Badische Wörterbuch anbieten. Beiden zufolge dient das Wort *Blech(le)* in Flüchen dazu, das Wort »Blitz« zu vermeiden, da es zu jenen Vokabeln gehörte, welche offen auszusprechen Unheil befürchten ließ. Diese Erklärung klingt spätestens dann sehr plausibel, wenn man sie auch auf den rätselhaften Spruch »Schlag me 's *Blechle*« anwendet. Der nämlich bedeutet dann nichts anderes als »Der Blitz soll mich treffen!«

Die Bitte »Schwätz koi *Blech!*« wiederum wendet sich gegen ein Gerede, das – wie Blech – keinen oder wenig Wert hat. Würde man jedoch allen, die Blech schwätzen, eine Blechmarke anhängen wie einst den Bettlern, wären die Rohstoffreserven vermutlich bald erschöpft.

Kutterschaufel und Kehrwisch

Nicht nur im Lande der Kehrwöchner/-innen, aber hier erst recht, gehören sie zur Grundausstattung eines jeden Haushalts: Kutterschaufel *und* Kehrwisch.

Sie sind so untrennbar miteinander verbunden und ergänzen einander so idealtypisch wie Adam und Eva, Nadel und Faden, Dick und Doof: *Kutterschaufel* und *Kehrwisch*. Dieses Reinigungsset reizt zudem durch seine Alliteration: Beide Bestandteile beginnen mit *K*.

Vielleicht ist das der Grund, warum dieses Begriffspaar ohne die auch im Schwäbischen geläufige Vokabel »Besen« auskommt. Denn das Wort *Kehrwisch* ist nach Grimms Deutschem Wörterbuch im Grunde ein »Flederwisch zum Abkehren«, und der Flederwisch wiederum war ein Gänseflügel.

Setzt man den *Kehrwisch* mit Gänseflügel gleich, könnte dies erklären, warum Fischer in seinem Schwäbischen Wörterbuch den *Kehrwisch* als »Handbesen zum Säubern des Tisches und dergleichen« bezeichnet. Denn mit einem Gänseflügel wurde nicht der grobe Dreck, sondern der Staub entfernt oder die Asche aus dem Ofen gekehrt. Doch das war vor dem Krieg. Heutzutage ist *Kehrwisch* gleichbedeutend mit »Handfeger«.

Viel interessanter aber ist das Wort *Kutterschaufel*. Es enthält das Wort *Kutter*, das nichts zu tun hat mit dem gleichnamigen Schiffstypus, dem das englische Wort *cutter* (von to *cut* = schneiden) zugrunde liegt. Der oder das *Kutter*, worum es hier geht, existiert nur im schwäbischen Wortschatz und ist mit »Unrat, Kehricht« zu übersetzen.

Die Herkunft des Wortes *Kutter* erklären Grimm und Fischer übereinstimmend aus *Kauder* oder *Kuder*, laut Grimm »ein merkwürdiges Wort der oberdeutschen Mundarten«. Es bezeichnete das Werg, also einen groben Flachs, scheint aber weniger auf das Material als auf die Beschaffenheit gezielt zu haben, so dass es auch *Kuder* von Wolle gab. Schließlich wurde der Begriff auf Abfälle aller Art übertragen.

Wer mit Werg oder Flachs handelte, wurde *Kauderer* genannt, und es gibt die begründete Annahme, dass das Wort *kauderwelsch* – in Aachen: *krämerwelsch* – die mit fremden Elementen durchsetzte Sondersprache fahrender Händler, das Rotwelsch, beschrieb.

In isolierter Form kommt das Wort *Kutter* heute so gut wie nicht mehr vor. Die neben der *Kutterschaufel* verbreitetste Kombination war der *Kuttereimer*. Das war der blecherne Nachfolger des *Kutterfasses* und der Vorgänger der genormten und aus Hartplastik gegossenen Mülltonne. Dass dieser bundeseinheitliche Terminus den traditionellen wie scheppernden *Kuttereimer* weitestgehend verdrängt hat, mag man bedauern.

Doch die schwäbische Identität erschöpft sich nicht in Begrifflichkeiten, sondern zeigt sich vor allem in der mentalitätsgesteuerten Aktion – etwa darin, dass das Abfallgefäß einmal in der Woche nass ausgewischt wird, egal ob es *Kuttereimer* oder Mülltonne heißt.

Wilhelma
FÜR SIE
auto motor sport
Ôôziefer
Dinge
Dinger

Schwäbisches Menschenbild

Für die Schubladen, in welche der Mensch seine Mitmenschen einordnet, haben die Schwaben eine Reihe sehr eigenwilliger Bezeichnungen.

Der Dinger und die Dinge

Dem Ding *sind im Schwäbischen seltsame Dinge widerfahren. Es wurde entdinglicht und vermenschlicht, indem es männliche und weiblichen Endungen erhielt.*

»So ein dummer *Dinger.*« Diese Art, Missfallen auszudrücken, ist vermutlich die vornehmste, zu der ein Schwabe fähig ist. Man geht daher nicht fehl, wenn man sie dem Honoratiorenschwäbisch zuordnet. Vornehm ist sie deswegen, weil sie, anstatt einen bildhaften und somit konkreten Kraftausdruck zu wählen, sich mit der abstrakten und daher wertneutralen Vokabel Dinger begnügt. Dem männlichen *Dinger* entspricht die weibliche *Dinge*, die, wenn man das obige Beispiel ins Femininum überträgt, »so eine dumme *Dinge*« ist.

»Grobe, etwas verächtliche, aber nicht geradezu beschimpfende Bezeichnung für eine ungeschlachte, grobe, einfältige, widerliche Mannsperson« hat Fischer im Schwäbischen Wörterbuch den *Dinger* erklärt und dessen weiblichen Gegenpart, die *Dinge* – er schreibt sie *Dingin* – als »grobe, verächtliche Bezeichnung für eine Weibsperson«.

Das klingt nun nicht sehr wertneutral, doch Fischers Aussage ist zu relativieren. Es gibt nämlich auch den »guten *Dinger*« und die »nette *Dinge*«. Ein guter *Dinger* ist per se nicht widerlich, selbst wenn er ungeschlacht, grob und einfältig sein sollte. Allerdings ist einzuräumen, dass das Lob »guter *Dinger*« andeutet, der so Bezeichnete könne ein treudoofer Dorfdepp sein.

Anders verhält es sich mit der »netten *Dinge*«. Diese Wendung ist alles andere als grob oder verächtlich. Sie gehört zur Kategorie der onkelhaften Komplimente, mit denen der, der sie ausspricht, rein platonische Absichten vortäuscht. Das Kompliment kann auch tantenhaft sein, wenn nämlich eine Frau die andere als »nette *Dinge*« bezeichnet. Denn das drückt neben Sympathie auch Überlegenheit aus.

Den *Dinger* und die *Dinge* gibt es nur im Schwäbischen. Wann und wie die beiden sich vom *Ding* abgenabelt haben, scheint nicht mehr nachvollziehbar zu sein. Bemerkenswert ist in diesem Zusammenhang, dass Fischer als erste Bedeutung des Wortes *Dinger* »männliches Glied« nennt und erst an zweiter Stelle die »grobe Mannsperson«. Ist diese somit aus ihrem hervorragendsten Teil erwachsen? Und die *Dinge* wie einst Eva aus der Rippe des *Dingers*?

Lassen wir diese Frage offen und wenden wir uns dem *Dingeler* und der *Dingere* zu. Das sind die abgemilderteren, für schwäbische Verhältnisse geradezu zärtlich klingenden Versionen des *Dingers* und der *Dinge*. Kann der »dumme *Dinger*« noch als Synonym für »Depp« verstanden werden, so beschreibt der »dumme *Dingeler*« oder die »dumme *Dingere*« ein Dummerle, das mitleidige Sympathie genießt. Dass man beide Ausdrücke relativ selten hört, mag daran liegen, dass die Dummheit immer aggressiver geworden ist und sich die dummen *Dingeler* zu mächtigen Dummköpfen ausgewachsen haben.

Mann, Mensch, Saumensch

Eine der übelsten Vokabeln im schwäbischen Schimpfwort-Repertoire ist das Mensch *oder* das Saumensch. *Es wird ausschließlich auf Frauen angewandt.*

»*Des Saumensch*, des elende!« Alle Verachtung, zu der man und erst recht frau fähig ist, zischt aus diesen Worten.

Ist es nicht bemerkenswert, dass die Krone der Schöpfung für ein Schimpfwort herangezogen wird, das dazu dienen soll, die *Menschen*würde zu untergraben? Andererseits und angesichts der täglichen Nachrichtenlage, die das Vertrauen in die Gattung *Mensch* stets erneut zu erschüttern vermag, könnte man durchaus einsehen, dass *Mensch* ein schlimmes Schimpfwort ist und dass die Schweine allen Grund hätten, die Kombination *Saumensch* gerichtlich verbieten zu lassen.

Schwerer zu verstehen ist hingegen, dass mit dem Wort *Mensch* ausschließlich Frauen beschimpft werden. Und ganz besonders merkwürdig ist, dass diese geschlechtsspezifische Schmähung nicht *die Mensch,* sondern *das Mensch* lautet, also im grammatikalischen Sinne kein Femininum, sondern ein Neutrum ist. Vollends verrückt wird die Geschichte, wenn man bedenkt, dass das Hauptwort *Mensch* aus dem Eigenschaftswort *männisch* gebildet ist, das von *Mann* kommt.

Fassen wir also zusammen: *Mensch* ist von der Wortgeschichte her männlich, und wenn sein Artikel sächlich ist, dient es der Beleidigung von Angehörigen des weiblichen Geschlechts. Doch gehen wir in der Wortgeschichte weiter zurück, sieht es wieder anders aus. Denn das Wort *Mann* stand ursprünglich nicht nur für die Herren der Schöpfung, sondern für den *Menschen* schlechthin. Für das englische *man* gilt das heute noch – und ebenso für das deutsche unbestimmte Pronomen *man*. Das bedeutet nichts anderes als *Mensch*, weshalb die oben verwendete feministische Neuschöpfung *frau* im Grunde unnötig ist.

Aus all dem folgt, dass das Adjektiv *männisch*, das zu *Mensch* mutierte, ursprünglich nicht nur *männlich*, sondern auch *menschlich* bedeutete. Und als sich im Mittelhochdeutschen das Neutrum *das Mensch* herausbildete, war damit ganz einfach ein menschliches Wesen gemeint.

Die Einschränkung von *das Mensch* auf eine weibliche Person kam erst im 15. Jahrhundert auf, und zwar in durchaus positivem Sinne. So wurde auch die Jungfrau Maria als »*das* heilige, edle *Mensch*« bezeichnet. Im Lauf der Zeit sank der Begriff herab aufs weibliche Dienstpersonal, wurde schließlich auf Konkubinen und Schlampen erst ausgeweitet und dann allmählich eingeengt.

Im Übrigen kannten bereits die Griechen der Antike *das Mensch*. Im Bedarfsfall haben sie an der männlichen Vokabel »*ho* ánthropos« (*der* Mensch) manipuliert und daraus eine »*hä* ánthropos« (*die* Mensch) gemacht. Und damit war nicht immer nur ein weibliches Wesen, sondern durchaus auch mitunter ein echtes *Saumensch* gemeint.

D' Katz hat Junge

Der männliche Nachwuchs wird im Schwabenland und angrenzenden Gebieten Bua *genannt.* Der Junge *ist unüblich. Allenfalls existiert ein* Junger *im Sinne von »Sohn«.*

»D' Katz hat *Junge*. Mir hent *Buaba*.« Das war einer der ersten Lehrsätze, den Volontäre süddeutscher Tageszeitungen noch bis vor kurzem zu hören bekamen mit der Maßgabe, anstatt über *Jungen* über *Buben* zu berichten. Er wurde ziemlich konsequent befolgt, weshalb im schwäbischen – und auch im bayerischen – Blätterwald signifikant weniger *Jungen* geschweige denn *Jungs* zu finden waren als in den übrigen Gazetten der Republik.

Die *Buben* den *Jungen* vorzuziehen, ist vollkommen richtig, denn die Eigenschaft *jung* ist geschlechts-unspezifisch. Daher erscheint das süddeutsche Gegensatzpaar »*Bub* – Mädchen« viel schlüssiger als die standardsprachliche Kombination »*Junge* – Mädchen«.

Konsequent wäre hingegen »*Junge* – Alte«. Oder: »der *Junge* – die *Junge*«. Dieses gleichberechtigte Paar gibt es aber nur im Schwäbischen. »Dem Maier sein *Junger*« ist Herrn Maiers Sohn. Und »der Müllere ihr *Junge*« ist Frau Müllers Tochter. Oft nennen auch ältere Geschwister die jüngeren »mei *Junger*« oder »mei *Junge*«. Aber *der Junge* geht den Schwaben so wenig über die Lippen wie das entsetzliche Wort »Knabe«. Einem Knaben wünscht man einen *Lausbua* – wenn nicht gar einen *Saubua* – zur Seite, der seiner streberhaften Blässe etwas Farbe verleiht, wenn's sein muss mit ein paar Schellen.

Der *Lausbua* ist die natürliche Erscheinungsform des männlichen Kindes, weshalb dieser Begriff kein Schimpfwort ist, solange er tatsächlich auf einen *Buben* zielt. Anders verhält es sich, wenn ein Erwachsener als *Lausbua* bezeichnet wird. So werden dummdreiste Gernegroße genannt, wie sie sich zuhauf unter den politischen Nachwuchskräften finden. Und um auch noch den *Saubua* zu definieren: Der ist wiederum minderjährig und unterscheidet sich vom gleichaltrigen *Lausbuben* durch eine unsympathische, destruktive Komponente.

Ein kleiner Bub ist ein *Buale*, ein Erwachsener, den keiner für voll nimmt, ein *Büeble*. Der Ausruf *Buale!* ist als Drohung oder Zeichen der Erregung zu verstehen. Der Stoßseufzer *Bua!* hingegen deutet an, dass jemandem eine schwere physische oder psychische Last zu schaffen macht.

Wer den *Buben* für urwüchsiger hält als den *Jungen*, den täuscht sein Gefühl nicht. Den *Jungen* in seiner heutigen Bedeutung kennt man erst seit dem 16. Jahrhundert. Der *Bube* hingegen erscheint seit dem 13. Jahrhundert, in spätmittelhochdeutscher Zeit, im ganzen westgermanischen Bereich und zwar im Großen und Ganzen in der Bedeutung, die er heute noch im Schwäbischen hat. Dann aber wurde er – vermutlich durch den jüngeren *Jungen* – auf den schieren Tunichtgut reduziert. Doch diesem semantischen *Buben*streich haben sich die Schwaben bislang erfolgreich widersetzt.

Woher das Ziefer kommt

Im gesamten deutschsprachigen Raum wimmelt es von Ungeziefer. *Sein Gegenteil, das* Geziefer, *hat sich als* Ziefer *in die schwäbischen Mundartreservate gerettet.*

Den meisten *Un*-Wörtern sieht man sofort an, was drinsteckt, nämlich meist die Negation jenes Wortes, vor welches das *Un-* gestellt wurde: Der *Un*mensch ist das Gegenteil dessen, was man sich unter einem Menschen vorstellt. Das *Un*geheuer ist nicht geheuer, und dass der *Un*hold alles andere als hold ist, muss auch nicht lange erklärt werden.

Doch was ist mit dem *Ungeziefer*, jenem Sammelsurium aller Kleinlebewesen, die dafür sorgen, dass es dem Menschen nicht zu wohl wird? Nimmt man ihm das *Un-* weg, bleibt das *Geziefer*, ein Wort, das im Duden noch ausgewiesen ist als »veraltend für *Ungeziefer*«. Es wird allenfalls noch für Wortspielereien wiederbelebt, etwa wenn Naturforscher die in Bernstein verewigten Schnaken und Schmeißfliegen vergangener Jahrmillionen als *Ur-Geziefer* bezeichnen.

Im Schwäbischen hingegen hat das *Geziefer* überlebt. Allerdings nennt man es hier nur *Ziefer*. Zwar werden es nicht mehr viele sein, die dieses Wort benutzen, aber noch hört man es gelegentlich. Es fasst alle möglichen Kreaturen zusammen, die zu Hause herumwuseln, vom Schoßhund über den Wellensittich bis zum Goldhamster, die Kinder bisweilen mit inbegriffen. Im Gegensatz zum *Ôôziefer*, das ungebeten kommt, bezeichnet das Wort *Ziefer*, wenn es nicht gerade despektierlich gemeint ist, jene Haustiere, die man sich freiwillig zugelegt hat.

Fischers Schwäbisches Wörterbuch erinnert an die Zeiten, da das *Zifer* – er schreibt es mit einfachem *i* – noch stärker landwirtschaftlich strukturiert war. Er definiert es als »1. Federvieh, Hausgeflügel, besonders Hühner, Gänse und Enten; 2. Kleinvieh, kleinere Haustiere wie Ziegen, Schafe; 3. übertragen von Menschen: lästige Gesellschaft, Sippschaft, schlechtes Gesindel, Bettelpack, besonders Haufen lästiger, unartiger Kinder«.

In all diesen Bedeutungen ist *Ziefer* ein Sammelbegriff, entspricht daher dem schriftdeutschen *Geziefer*. Denn Sammelbegriffe formt man im Schriftdeutschen gern mit der Vorsilbe *Ge-*. Sie macht das Land zum *Ge*lände, das Schreien zum *Geschrei*. Im Schwäbischen allerdings wird dieses *Ge-* auf *G'-* verkürzt, weshalb das Geschrei hier zum einsilbigen *G'*schroi schrumpft. Beginnt der Grundbegriff aber mit *b, p, g, k, q, d, t* oder *z*, verzichtet der Schwabe meist ganz auf das *Ge-*, weshalb das *Geziefer* bei ihm nur *Ziefer* heißt.

Um die Verwirrung vollends zu komplettieren, sei darauf hingewiesen, dass man auch im Schriftdeutschen das *Geziefer* so rupfen kann, dass nur ein einzelnes, entkollektiviertes *Ziefer* übrig bleibt. Das aber dürfte, so die Vermutung, auf das althochdeutsche *zebar* zurückzuführen sein, was »Opfertier« bedeutete. Demnach wäre das *Ungeziefer* nicht zum Opfern geeignet, obwohl man es sicher lieber, da kostengünstiger, geopfert hätte als das *Ziefer*.

Die Reig'schmeckte

Manche Zugezogene oder Neubürger werden im Schwäbischen als Reig'schmeckte *bezeichnet. Das gilt vor allem für solche, die keiner* schmecken *kann.*

Wenn im Fernsehen Bürgerversammlungen übertragen werden, fallen sie sofort auf, die *Reig'schmeckte*. Während die Einheimischen erst fünf Minuten vor Sendeschluss allmählich gesprächig werden, sind sie die ersten, die das Wort ergreifen und nicht mehr loslassen. Weil die Schwaben das nicht mögen, bezeichnen sie diese vorlaute Subspezies der Zugezogenen als *Reig'schmeckte*, was unverhohlene Aversion zum Ausdruck bringt.

Daneben wird das Prädikat *Reig'schmeckter* scherzhaft verwendet. Doch auch in solchen Fällen erinnert es den so Titulierten sanft daran, dass er kein Einheimischer ist. Das kann ihm auch dann passieren, wenn zwar er, sein Vater und sein Großvater im Ort geboren sind, nicht aber der Urgroßvater.

Ein *Reig'schmeckter* ist also für gewöhnlich ein lästiger, da naseweiser und/oder vorlauter Neubürger, der ungefragt seinen Senf absondert. Aber was hat diese Unart mit dem Zeitwort *schmecken* zu tun?

Schmecken hat im Schwäbischen eine breitere Bedeutung als im Hochdeutschen. Es zielt nicht nur auf die Wahrnehmungen des Geschmacksinns, sondern auch des Riechvermögens. Darum behaupten böse Zungen, die Schwaben besäßen nur vier Sinne anstatt fünf. Und wie *riechen* im Hochdeutschen, hat das schwäbische *schmecken* sowohl die Bedeutung von »einen Geruch wahrnehmen« als auch »einen Geruch ausströmen«. Das heißt: Der Schwabe *schmeckt* mit der Nase und aus dem Maul. Daraus ergeben sich lebensgefährliche Verwechslungsmöglichkeiten:

Sagt der Hochsprachler »Das Fleisch *schmeckt*«, will er damit ausdrücken, dass es ihm mundet. Der Schwabe hingegen stellt damit den beginnenden Verwesungsprozess und die Gefahr einer Lebensmittelvergiftung fest. Entwarnung hingegen kann gegeben werden, wenn jemand die Mitteilung eines Schwaben, er könne den oder jene nicht *schmecken*, als Indiz für kannibalistische Neigungen missdeutet.

Spätestens hier ist darauf hinzuweisen, dass im älteren Deutsch *schmecken* generell sowohl Geruchs- als auch Geschmacksempfindungen beschrieb. Erst die neuhochdeutsche Schriftsprache verzichtete auf die erste der beiden Bedeutungen.

Wenn *schmecken* dasselbe ist wie *riechen*, dann ist *hereinschmecken* dasselbe wie »die Nase hereinstrecken«. Im übertragenen Sinne bedeutete das zunächst »nur kurz irgendwo wohnen«. Fischer überliefert im Schwäbischen Wörterbuch den Satz: »Er hat kaum zu uns *hereingeschmeckt* und will schon alles anders haben.«

Dieses Zitat zeigt nicht nur, wie das Wort *Reig'schmeckter* zu Stande kam. Es dokumentiert auch, dass damit von Anfang an ein Verhalten gebrandmarkt wurde, das den Ureinwohnern stank.

Literatur

Bach, Adolf: *Geschichte der Deutschen Sprache.* 9. Auflage, Wiesbaden 1970.

Baur, Gerhard W.: *Bibliographie zur Mundartforschung in Baden-Württemberg, Vorarlberg und Liechtenstein.* (Idiomatica 7) Tübingen 1978.

Bohnenberger, Karl: *Die Mundarten Württembergs. Eine heimatkundliche Sprachlehre.* Stuttgart 1928.

Brechenmacher, Josef Karlmann: *Schwäbische Sprachkunde in ausgeführten Lehrbeispielen. Versuch einer bodenständigen Grundlegung des schaffenden Deutschunterrichts.* Stuttgart 1925 (Reprint Saulgau 1987).

Fischer, Hermann: *Geographie der schwäbischen Mundart.* Tübingen 1895.

Jacobi, Franz: *Schwäbische und schwäbisch-neuhochdeutsche Lehnwörter mit lateinischer und lateinisch-romanischer Grundlage.* In: Alemannia, Zeitschrift für Sprache, Kunst und Altertum besonders des alemannisch-schwäbischen Gebiets. XXIV. Band. Bonn 1897.

Kirchmeier, Monika: *Entlehnung und Lehnwortgebrauch, untersucht am französischen Einfluß auf die württembergischen Mundarten und am württembergischen Einfluß auf die Sprache im Pays de Montbéliard.* (Idiomatica 3) Tübingen 1973.

König, Werner: *dtv-Atlas zur deutschen Sprache.* 6. Auflage, München 1985.

Maiden, Martin: *Pizza is a German(ic) Word!* http://www.yourdictionary.com/library/pizza.html

Ruoff, Arno: *Der Schwabe und sein Schwäbisch.* In: Schwabenbilder. Zur Konstruktion eines Regionalcharakters. Tübingen 1997, S. 39–42.

Ruoff, Arno: *Sprachvarietäten in Süddeutschland.* In: Varietäten des Deutschen. Hgg. von Gerhard Stickel. Berlin, New-York 1997, S. 142–154.
Seibicke, Wilfried: *Wie sagt man anderswo. Landschaftliche Unterschiede im deutschen Wortgebrauch.* Mannheim 1972.

Lexika:

Adelung, Johann Christoph: *Grammatisch-kritisches Wörterbuch der Hochdeutschen Mundart, mit beständiger Vergleichung der übrigen Mundarten, besonders aber der Oberdeutschen.* 2. Ausgabe. Bd. I–IV. Leipzig 1793–1801.
Badisches Wörterbuch. Vorbereitet von Friedrich Kluge. Bearbeitet von Ernst Ochs, Karl Friedrich Müller und Gerhard W. Bauer. Bd. I ff. Lahr 1925 ff.
Deutsches Fremdwörterbuch. Weitergeführt im Institut für Deutsche Sprache. Begonnen von Hans Schulz. Fortgeführt von Otto Basler. 6 Bände. Berlin, New York 1913–1983
Duden. Das große Wörterbuch der deutschen Sprache in 8 Bänden. Herausgegeben von Günther Drosdowski. Mannheim, Leipzig, Zürich. 2. Auflage, 1993–1998.
Duden. Deutsches Universalwörterbuch. Herausgegeben von Annette Klosa. 4. Auflage, Mannheim, Wien, Zürich 2001.
Grimm, Jacob; Grimm, Wilhelm: *Deutsches Wörterbuch.* Bd. I–XVI. Leipzig 1854–1960. Quellenverzeichnis 1971. Nachdruck: München 1984.
Kluge, Friedrich: *Etymologisches Wörterbuch der deutschen Sprache.* Bearbeitet von Elmar Seebold. 23. Auflage, Berlin, München, New York 1995.
Küpper, Heinz: *Illustriertes Lexikon der deutschen Umgangssprache in 8 Bänden.* Stuttgart 1982–1984.

Lexer, Matthias: *Mittelhochdeutsches Handwörterbuch.* Zugleich als Supplement zum Mittelhochdeutschen Wörterbuche von Benecke-Müller-Zarncke. Bd. I–III. Leipzig 1872–1878.

Oberschwäbisches Wörterbuch der Bauernsprache von mehr als zweitausend Wörtern und Wortformen. Gesammelt und mit einer Vorrede versehen von Dionys Kuen. Buchau 1844. Nachdruck Biberach 1987.

Robert, Paul: *Dictionnaire alphabétique et analogique de la langue française: les mots et les associations d'idées.* 6 Bände. Paris 1966.

Schade, Oskar: *Althochdeutsches Wörterbuch.* 2. Auflage, Halle a. d. Saale 1872–1882.

Schmeller, Johann Andreas: *Bayerisches Wörterbuch.* 2. Auflage. Bearbeitet von Georg Carl Frommann. Bd. I–II. München 1872/77. Nachdruck: München, Wien, Aalen 1983 und München 1985.

Schmid, Johann Christoph: *Versuch eines schwäbischen Idiotikon.* Berlin und Stettin 1795.

Schwäbisches Handwörterbuch. Auf der Grundlage des »Schwäbischen Wörterbuchs« von Hermann Fischer und Wilhelm Pfleiderer bearbeitet von Hermann Fischer und Hermann Taigel. 3., von Hermann Fischer erweiterte Auflage, Tübingen 1999.

Schwäbisches Wörterbuch. Auf Grund der von Adelbert v. Keller begonnenen Sammlungen und mit Unterstützung des württembergischen Staates, bearbeitet von Hermann Fischer, zu Ende geführt von Wilhelm Pfleiderer. Bd. I–VI. Tübingen 1904/36.

Schweizerisches Idiotikon; ges. unter Beihülfe aus allen Kreisen d. Schweizervolkes. Begonnen von Friedrich Staub … und fortgesetzt unter Leitung von Albert Bachmann. 15 Bände. Frauenfeld 1881–1999.

Wörterbuch der schweizerdeutschen Sprache → Schweizerisches Idiotikon.

Register

Das Register gilt für die beiden bisher erschienenen Bände »Schwäbisch für Besserwisser« (I) und »Schwäbisch für Durchblicker« (II). Die römischen Ziffern verweisen auf den Band, die arabischen auf die Seitenzahl.

A

B

C

D

E

F

G

H

L

M

R

S

W

Z

Abkürzungen:

afrz = altfranzösisch
agr = altgriechisch
ahd = althochdeutsch
arab = arabisch
assyr = assyrisch
bair = bayerisch
böhm = böhmisch
engl = englisch
frz = französisch
gall = gallisch
germ = germanisch
got = gotisch
heth = hethitisch
idg = indogermanisch
it = italienisch
lat = lateinisch
mhd = mittelhochdeutsch
mlat = mittellateinisch
ngr = neugriechisch
pfälz = pfälzisch
qu = quechua
sächs = sächsisch
serbo-kr = serbokroatisch
span = spanisch
syr = syrisch
tirol = tirolisch
ung = ungarisch